우주가
말랑하다

조현순 시집

우주가
말랑하다

505 · 문학공간시선

한강

시인의 말

햇살이 너무 눈부셔 외면하고 싶을 때
화사하게 웃으며 꽃들이 손 내밀어 줍니다.
그리움과 외로움이 교차되어 감정이 섞이는 날
분홍 꽃빛이 그리워 다시 그 자리로 되돌아가 봅니다.
밤새워 한 땀 한 땀 색실로 수를 놓습니다.
백지 위에 고운 빛깔이 시가 되어 앉았습니다.
세상에서 제일 아름다운 사건입니다.

2025년 10월에
조현순

조현순 시집 **우주가 말랑하다**

□ 시인의 말

제1부 둥근 저녁

춘자 ——— 13
보푸라기 ——— 15
소는 누가 키웠지 ——— 17
거꾸로 갑니다 ——— 19
감나무 ——— 20
응급실 ——— 21
거울 속 눈망울 ——— 23
자반고등어 ——— 25
항아리에 담긴 기억 ——— 26
배달 왔어요 ——— 28
둥근 저녁 ——— 30
호박 넝쿨 ——— 32
가야금 ——— 34
연밥 ——— 35
곰국 ——— 37
언니와 들깨밭 사이 ——— 38
어머니와 접시 ——— 40

우주가 말랑하다   조현순 시집

제2부 봄, 발자국

45 ── 장닭
47 ── 실랑이
48 ── 홍매화, 그 푸른 손톱
50 ── 빛으로 깨어나다
52 ── 꽃 몸살
53 ── 복숭아꽃
54 ── 봄, 발자국
55 ── 철쭉을 보는 감정
56 ── 동백꽃 눈물은 붉다
58 ── 블루베리와 강아지풀
60 ── 배나무에 열린 하얀 봄
61 ── 냉이는 잎사귀를 펼치고
62 ── 명자꽃
64 ── 꿈꾸는 여자
65 ── 푸른 바람길
66 ── 바늘이 그려 놓은 풍경

조현순 시집   **우주가 말랑하다**
차 례

제3부 매화꽃이 피어도 소용없습니다

종기 꽃망울 —— 71
나무의 일 —— 73
라디오 —— 74
아버지의 일기장 —— 76
매화꽃이 피어도 소용없습니다 —— 78
눈깔사탕 —— 80
바람 든 무 —— 81
신호등 —— 83
밤송이 —— 84
세기 사진관 —— 86
벌집 —— 88
입속의 동전 —— 90
블라우스 —— 92
모피 코트 —— 94
오 분 동안 —— 96
고양이의 간언 —— 98
갈등의 시간 ——100
토끼 인형 ——101

우주가 말랑하다　　　　　　　조현순 시집

제4부 장미, 깨지다

105 —— 흘리다
107 —— 고양이 생각
109 —— 말랑말랑한 꿈
111 —— 버스는 떠나고
113 —— 돌배나무와 모퉁이
115 —— 빙고
116 —— 겨울과 봄 사이
118 —— 장미, 깨지다
120 —— 호떡 익어 가는 저녁
122 —— 붉은 장미 나무
124 —— 이쑤시개
125 —— 세 뼘 자리
127 —— 봄의 표정을 읽다
129 —— 언니와 은행나무
131 —— 유카
133 —— 빵은 언제나 맛있어
135 —— 전철 안에서
137 —— 디딤돌

▫ 해설_나정호

둥근 저녁

제1부

춘자

달아난 줄무늬 원피스가 돌아왔다
손짓하며 부르지 않아도
제 발로 찾아온 그해 가을이 유리문에 붙어 있다
반갑다고 이름 부르며 안겨들 뻔한 여자
웃을 때 잇몸이 빤히 드러난다
그녀와 나 사이에 갈잎 같은 시간이 흘렀어도
여기 잘살아 있다고, 이마에 붙여 놓은 깻잎 머리가
보란 듯이 증명하고 있다

사람의 간지러운 구석 자리 먼저 알아주고
시원하게 상처 긁어 주던 여자
가려운 등 내밀어 주면서 노래하고 춤추던
못난 나에게 그녀는 팅커벨이다
이름 부르지 않아도 어김없이 조연으로 나타나
내 속 깊은 곳까지 파고들었다
겨울밤 굶주린 쥐에게 뱃속 갉아 먹히는 줄도 모르고
그냥 좋아서, 어리석은 암탉처럼
너도나도 활짝 입을 열어 주었다

갈비뼈를 빼들고, 앞뒤 싹둑 자르고
세상에서 홀연히 사라진 춘자,
다 늦은 가을 저녁거리 전봇대에서
골목의 담벼락에서, 마른 담쟁이 잎사귀 줄기처럼
덕지덕지 붙어서 나풀거리는 그녀가
현상금을 달고 유리문에 반달로 떠 있다

보푸라기

빨랫줄에서 걷어 온 와이셔츠를 펼쳐 놓고
스팀다리미를 들었다
목덜미와 옆구리 봉제선에서
실밥이 올올이 피어오른다

씨줄 날줄이 만나는 자리에 뿌리내리고
줄기 세워 꽃 피우는 줄 모르고 걸어온 길
몸이 뭉개 놓은 꽃송이들을 잘라내고
당신과 내가 걸어온 휘어진 길도 밀고 당기며 길을 낸다

회사 가기 싫다고 투정 부리면
내 가슴에 총알로 박히는 줄 모르고 쏟아낸다
박힌 총알 빼내고 구멍을 틀어막아 반듯하게 펴 본다
간밤에 마신 술이 발효되어
패잔병으로 잠든 당신 가만히 손 다림질한다

당신 주름살이 아무렇게나 튀어나온

아랫배도 되돌아온다
딱, 연애 시절 그 몸이다

옆에 있는 당신 36도 온기에
내 몸이 살짝 기운다
서로 등 기대고 눈비 가려 주고 살아온 시간이
햇살에 말라 바삭바삭하다

소는 누가 키웠지

개천가를 돌기로 했다
걷는 모습이 느릿느릿 소가 걷는 줄 알았다며
그렇게 걸어서 살 빠지겠냐고,
잘록한 허리 대신 튼실한 등짝이 암소 같다고
남편이 껄끄러운 말 한마디 보탠다

몸무게는 더하기만 할 뿐, 허리둘레가 늘고
건강 염려증은 개천 둑에 풀처럼 자라났다
소는 남편이 무심히 던진 말을 곱씹으며 되새김질한다

이것저것 생각이 옮겨 가니 슬그머니 눈물이 핑 돈다
징징거리며 남편 등 뒤를 따라가는데
시집와서 소처럼 일만 하고 살아온 힘든 시간이
기억 속에서 슬금슬금 풀려나왔다

건강해지자고 한 말을 곡해하고 뿔을 세우며
남편한테 바락바락 싸움을 걸었다

두 손 두 발 들고 비는 남편의 커다란 눈망울 속에
씩씩거리는 고집쟁이 암소가 보였다
웃음이 절로 터져 나왔다

나를 살찌게 만든 것은 옆에서 자꾸만
더 먹으라고 챙겨 준 당신 때문이라고
남편에게 코뚜레 꿴 줄도 모르고 살아온
세월이 강물 속으로 흘러들었다

거꾸로 갑니다

 '지금부터 시간은 거꾸로 갑니다' 턱살 깎고 뱃살 숨기는 것쯤은 일도 아니라고, 수십 년 감추고 살아온 주름살도 거꾸로 돌려주겠다고, 사진사가 주문을 걸어온다 펑펑 터지는 불빛에 하얀 잠자리가 날아오르고 바람에 펄럭이는 젊은 턱시도, 이대로 사랑만 펄럭이며 나눠 먹고 살자던 턱시도 남자가 안 보이고 꽃으로 살겠다는 어린 여자도 안 보이는데, 자꾸만 거꾸로 가자고 채근하는 사진사

 결혼사진 한 장 찍고 와서 신혼살림 차리던 날, 좁은 단칸방도 사진에 담았다 딸아이 몸을 펄펄 끓게 하던 겨울밤도 그대로 색칠해 본다 렌즈에서 피어나는 내 삶의 색깔을 인화지에 그대로 담았다

 '지금부터 시간은 앞으로 갑니다' 딸아이가 부르는 웨딩 음악에 발을 맞춰 걷는다 아무리 걸어도 끝이 안 보인다고, 끝이 보일 때까지 그냥 앞만 보면서 나란히 걷는 거라고, 그것이 사랑이라고, 리마인드 웨딩이 웬 말이냐고 카메라가 어리광 부린다

감나무

노인정 앞에서
감꼭지를 물고 있는 할머니들이
올망졸망 졸고 있는 오후,
장독대 위 잎사귀
그늘 몇 점 깔고 앉는다
햇살이 어쩐지 떫은 얼굴이다
가을을 토닥이는 당신,
마구 뭉개고 부비며 붉은 알맹이 빚어
공중에 매달아 놓는다
우주가 말랑하다

응급실

발등에 불이 떨어졌다
어머니 체온이 38도,
응급실에서 원인을 찾는 사이에도
나는 속도 없이 허기 들어 배가 고팠다

가쁜 숨 몰아쉬는 어머니와 어정쩡하게
서 있는 나를 두고 표정이 없는 의사는
기다림만 숙제로 남겨두고 다시 오지 않는다
알 것 같기도 하고 모를 것 같기도 한
병명이 내게로 고스란히 안겨 와
철창 같은 응급실이 눈물로 홍건해진다

사막을 지나온 바람이 내 몸속에 들어 있나 싶은데
모래 알갱이가 눈 속을 돌아다니며 *까끌까끌하다*
오아시스를 찾아 헤매던 밤이 지나고
창문으로 들어온 한 줌 햇살에 눈이 부셨다

옆쪽 침대에 앉아 있는 여인의 신음이
강물이 되어 내게로 흐른다

살다 보면 오늘 일은 아무것도 아닐 거야
혼자 중얼거려 본다
깜짝 놀라고 가슴 쓸어내리는 일이 생겨도
아무렇지 않은 듯 살아가는 것이 사람이다
응급실을 나서며 또 다른 날이 있다 해도
다시는 찾고 싶지 않다
집으로 가는 길
내 옆구리에 날개가 돋아났나?
두 팔을 이리저리 흔들어 본다

거울 속 눈망울

'엄마 꿈속에 누런 소가 들어왔대'

송아지라는 애칭이 따라다니던 어린 시절이 싫었어
아이들이 키득거리며 '음메야' 부르며 쫓아다녔지
골목 어귀에서 놀려서 목젖이 부어올랐을 거야
둥근 눈망울을 가진 난 놀림에 당차지 못해
부끄러움이 섞여 외톨이가 되었거든
가끔, 송아지가 맞는 이야기인가 생각에 잠길 때가 많았어
 무거운 것이 목에 달려 있던 것을 느낄 수 있었어
 엄마에게 투정 부리고 싶지 않아 가슴에 꾹꾹 눌러 담았지
 굽어진 길도 곧은길도 쉬지 않고
 무언가에 이끌려 앞만 보며 느릿느릿 설어왔지
 송아지는 내가 걸어가야 할 길잡이라 생각하고 살았던 거야
 엄마와 나 사이에 보이지 않는 끈이 없었다면
 외로움과 슬픔이 엉키어
 내 꿈은 꽃으로 피어나지 못했을 거야

네 다리를 접고 잠을 청하는 소 우리는 고요해
더운 공기를 잠재우고 전구가 붉은빛을 켜 주는 밤이야
'예쁜 내 새끼 내 송아지'라고 부르는
엄마의 목소리가 가까이 들려오는 것 같아

자반고등어

지난밤 잠을 설쳤다
뼈마디를 꼬챙이로 찌르며 할퀴듯 다리가 아팠다
엎치락뒤치락 뒤척이며 잠깐 눈 붙이려는 아침
고등어 속살 태우는 냄새가 났다
게으름 떨치고 검푸른 물살이 나를 일으켜 세웠다
바다 냄새가 문틈을 비집고 들어오고
냉장고 문을 열고 들어갔다
온 집안에 비린내 배인다고
잘 먹지도 않는 자반고등어가
불판 위에서 지글거린다
뼈의 중심을 두르고 있는 부드러운 살점들
입안에 푸른 바닷물이 차도록 깨물었다
밥숟갈 위에 얹으면 떠나 버린 입맛도
절로 살아 돌아오는 자반고등어
있을 때 잘하라던 어머니 말이 귓등을 타고
새삼스럽게 들려온다
눈물이 왈칵 쏟아졌다
가슴에 소금 뿌리며 그리움을 절인다

항아리에 담긴 기억

오이지를 항아리에 꼭꼭 눌러 넣고 잠재운다
촉수를 세워 감칠맛이 들 때까지 말을 흘려 넣는다
마지막 과정은 오이가 숙성되기를 기다리는 일이다

돌의 무게를 견디는 힘으로 오이지가
짭짤하게 익어 간다
무른 오이 몸속에 바닷물이 썰물 밀물로 드나들고
발효되는 동안 엄마의 오이지무침이
간절하게 먹고 싶어진다

손끝에서 나오는 맛이 더 깊어 가는 시간
두 손 가득 짜내어 물기를 흘려보내면
꼬들꼬들해지는 오이지
엄마 손에서 나온 그 맛을 되돌릴 수 없어
입 속으로 눈물이 짭짤하게 흘러 들어간다

아무렇지 않게 시침 떼며 엄마의 잔소리를 기억해
항아리 속에 오이지를 누르고 있던 돌덩이가
이제 내 눈물샘을 누른다

엄마는 늘 그랬다
항아리 속에서 발효되는 오이지같이
사는 일도 기다리는 것의 연속이라고
엄마 얼굴이 항아리에 가득하다

배달 왔어요

자장면이냐, 짬뽕이냐, 생각하는 사이에
딸아이는 '자장면' 하고 방글거린다
짬뽕이 좋을까 냉면이 더 맛있을까 갈등하는 사이
더운 여름날 땀을 뚝뚝 흘리며
매운 짬뽕을 먹는 것이 제맛이라고 남편이 전화번호를 누른다

고장 난 온풍기를 틀어 놓았는지
한낮 온도는 지칠 줄 모르고 올라간다
햇살은 땅 위에 있는 모든 것들을
삶아 내야겠다는 듯 뜨겁게 달구고 있다

도로 위를 달려온 오토바이 엔진은
문 앞에서 뜨거운 숨을 내쉬며 헐떡거린다
마침내 자장면이 달려와서
'배달 왔어요' 벨을 누른다

문을 열자, 자장면 냄새와 섞인 매운 땀 냄새가
훅, 하고 따라 들어왔다

더운 날 집안에 앉아 배달시킨 게으름이 미안해
고맙다는 말을 흘려 놓았다

헬멧을 고쳐 쓴 그는
양파처럼 겹겹이 쌓인 주문서를 보이며
불쑥 허기를 내놓았다

둥근 저녁

다 늦은 밥상에 별자리들이 둘러앉았다
상처로 찌르고 박히는 말들
모나고 삐져나온 밉상 얼굴도
외롭지 말라고 둥글게 썰어 넣는다
섞일 것들은 눈빛만 봐도 한통속이다
그래, 혼자 남아서 따로 놀 이유 없다

시퍼렇게 무른 맨살 내어 주는 시금치처럼
눈 흘기며 시기하는 마음 한 접시
몸 안 가득 밀어 넣으며
사각사각 깨물어 준다

찬이 좀 섭섭하면 또 어떤가
허기로 둘러앉으면 체온이 올라가는 밥상
레시피는 따로 없다
숟가락 부딪히는 소리에
몸에서 둥근 달이 구르고
뒷동산 동백나무가 어둑어둑 꽃망울 터트리며
동그랗게 익어 가는 저녁

하나를 주고 하나를 받아 내는 덧셈, 뺄셈은
처음부터 몰라도 된다
인드라 구슬이 따로 없다

호박 넝쿨

사방을 휘저어 가며 뻗어 나가던 시절 있다
누구도 가지 않는 길, 내가 곧 길이라고
어느 구덩이 캄캄하게 파고 들어가며 여러 낮 밤 걸었다

갈증 난 어느 여름날
발등에 상처가 부르터 오르고 그냥 주저앉았다
주저앉은 자리가 못난이 나의 생이라고
두 팔 벌려 세상으로 나아갔다
물길을 더듬어 땅속에 스미어
여름내 땀 들이며 몸 불리던 몸뚱이 속에
둥근 씨앗이 자랐다

아들에겐 튼실한 살을 물려주고
딸에겐 날씬한 몸매를 안겨 주어야지
그런 생각도 가을 햇살에 영글어 갔다

젖 물리고 키워 낸 까칠한 잎사귀 사이로
웅크리고 있는 내가 거친 줄기를 붙잡고

못난이 새끼 보는 재미가
넝쿨로 뻗는다

가야금

 허공에 퍼지도록 손끝으로 잡아 놓고 다시 놓아주면 떨림은 물결친다 부드럽게 울었다가 우물 속에 맑은 물방울로 떨어지는 소리, 우물 속에 눌러 담아 온전히 울 줄 아는 사람만이 소리를 품는 것이다

 저 소리는 앞에 지나간 사람의 음률도 아니고 앞으로 다가올 사람의 영감도 아니고 손놀림도 아니다 허공에 대고 떠나고 없는 자의 울음을 가두고 있다가 다시 퍼 올리는 소리다 검은 언덕과 해안가 바위를 넘실대는 파도와 낮은 지붕들 위로 피어나는 푸른 연기, 손끝에서 불빛 따스한 흔적을 뜯고 있다가 그 음계가 눌림과 놓임 사이에서 물살로 흐른다

 귀를 열고 들어오는 깊은 음과 낮은음이 절로 어깨를 들썩이게 한다 가야금은 영혼을 흔들며 천년의 시간을 열두 줄로 끌어당겼다가 놓아주기도 한다 죽은 자가 살아났다가 잠들었다가, 그 음절까지도 오동나무 울림통에 온전히 스며 온다

연밥

꽃집이 문을 열었습니다
법당에 기둥 세우고 지붕을 덮으며
연꽃이 법문을 읽고 있습니다
석 달 열흘 빌어서 낳은 딸자식 병시중을
절에 떠맡겨 놓았습니다
어느 어미는 법당 한쪽에 못을 파고
연자육을 뿌렸다지요
합장하고 있는 딸이 그대로 연꽃입니다
속세 인연의 뿌리를 진흙에 묻으며
연못 주위를 서성이는 어미,
물속에서 무한 생을 살아가는 저 꽃은
캄캄한 세상 밖을 알아볼까요
사방을 휘저어 봐도 손에 잡히지 않는
향기가 법당을 드나듭니다
어미 품에 안겨 들지 못한 딸
당신은 가슴에 묻어 둔 이야기를 꽃으로나
피워 내겠지요
뼈와 살이 짓무르도록 온몸 엎드리면
딸아이를 품에 안을 수 있을까요

꽃잎을 버려야 연밥이 익는다는 연꽃,
어미는 숨어서 연밥을 짓습니다
연자육에 어미 마음을 꼼꼼하게 적어 놓습니다
물과 흙의 경계를 뚫고 숨겨 놓은
마디마디에 경전을 적어 봅니다
꽃 문 열어 법 향을 졸졸 따라 읽어 봅니다
부처님 손이 연꽃입니다

곰국

사흘 낮밤
주방에서 방 안으로 소똥 냄새가 날아다녔다
진하게 우려냈다는
국그릇을 밀치고 뼈 냄새가 싫다는 말 대신
곰탕의 내력을 읽으려 했다
젊은 시절 바람으로나 지나친 여자의 이름을
들춰내며 악다구니를 써대는
그녀의 고음을 낮출 수가 없었다
한때 씨름판에서 황소를 때려눕히던 그가
경계선을 넘지 말라고, 앵앵 모깃소리를 냈다
여행 가방 안에 양양 앞바다를 밀어 넣으며
불룩하게 솟아오른 북한산을 봉우리 하나 들고
그녀의 발걸음은 이미 방지 턱을 넘어섰다
수증기인지 눈물인지 그녀의 뒤통수에
물안개가 피어올랐다
마른 빵 곰국에 찍어 먹으며
먼지 우려 나오는 안방을 들여다본다
내 사랑 당신뿐이라고,
날아든 문자 한 줄
당신이 가슴으로 우려낸 진국이다

언니와 들깨밭 사이

이가 흔들린다고
치과에 같이 가자고 언니가 전화했다
의자에 나란히 마주 앉아 진료 순서 기다리면서
눈감고 있는데 들깨밭이 펼쳐 보였다
언니와 난 남의 들깨 단 뭉개 놓으며
알맹이를 주머니가 터지도록 쓸어 담았다
들깨를 손으로 비벼 입안 가득 물고
깨물던 어린 날이 떠오른다
언니가 내 잇몸을 열어 보며 말했다
잇몸 사이로 까맣게 붙어 있는 들깨 껍질이
썩은 이라고, 서로 놀리며 마주 보고 웃고 있었다
그때 들깨밭에 도둑이 들었다며
누군가 소리치며 달려왔다
들깨밭 주인이 진료실에서 이름 부르는 소리였다
입안에 나사못을 박아 넣고
일그러진 얼굴 마주 보며 다시 웃었다
언니는 내 이빨에 들깨가
더 많이 끼었다고 입술을 달싹거린다
언니는 진통제 한 주먹 입에 털어 넣으며

목구멍이 점점 좁아져 약이 넘어가지 않는다고
투덜거렸다
 아무리 버둥거려도 풋풋한 시간으로 돌아갈 수
없는
 들깨밭에 상고머리 아이가 웃고 있다

어머니와 접시

흥얼거리며 접시를 닦다가
손에서 미끄러지며 바닥에 떨어졌다
어머니가 달려와 하나뿐인 그릇을 깼다고
얼굴빛이 파래졌다
몸 안에 들어 있는 시린 기억 담긴 접시가 조각났다
발등에 내려앉은 조각들이 살을 파고들어
붉은 동백 꽃물 흥건히 피워 올렸다
그릇이 더 소중한 어머니를 뒤로하고
방문을 닫고 마음의 문도 걸어 잠갔다
소독약을 붓고 붕대가 감긴 발로
절룩거리며 몇 날을 보냈다
발 아프다는 핑계로
불편한 날이 가시처럼 찌르곤 했다
어머니와 마주치기 싫은 날이 늘어 가고
벽은 점점 높이 쌓아 올렸다
어느 날, 어머니 손에서 미끄러지듯
초콜릿이 나를 불렀다
입안 가득 밀어 넣으니 쌉쌀했던 기억이
슬그머니 목으로 넘어갔다

사람 마음 바뀌는 것은 순간이다
냉랭한 집안 기류가
따뜻한 바람으로 흐른다

봄, 발자국

제2부

장닭

지독한 감기에 걸려 꼼짝없이 방 안에 붙들려 있다
목이 부어 말도 못 한 채 끙끙 앓고 있는데
꼬꼬가 방문 앞에서 나를 불러 대는 것이다
엄마가 시끄럽다고 몇 번을 쫓아내었다
내 기침 소리를 들었는지 마루에서 마당으로
꼬꼬댁거리며 날개를 활짝 펼쳐 댄다

학교에 갔다 오면 발걸음 소리를 먼저 알아듣고
어느 틈에 쫓아와 내 껌딱지가 된다
내 옆에 누구라도 서 있기만 해도
벼슬을 세우며 고개를 빳빳하게 쳐들었다
둥그런 눈 치켜뜨고 부리로 콕콕 쪼아대며
낯선 사람의 주위를 맴돌았다
졸졸 따라다니며 나를 지켜 주는 든든한 꼬꼬닭
이다

열이 올라 병원에 다녀와
햇살이 내린 마루에 앉아 꼬꼬닭을 불렀다
다른 닭은 다 있는데 아무리 찾아봐도

내 껍딱지 구구가 안 보였다

감기는 잘 먹어야 낫는다며 엄마가
인삼 냄새가 풍기는 백숙을 상 위에 놓았다
먹기 싫다며 화를 내며 마당으로 나갔다
가슴이 두근거려 땅바닥에 주저앉아 훌쩍거렸다

어디서 내가 우는 소리를 들었는지
구구가 벼슬을 세우고 도도하게 걸어왔다
낯선 암탉이 구구 뒤에서 얼쩡거렸다

실랑이

감기약과 막대 사탕을 양손에 들고
막, 단물 맛에 빠져든 아이를 구슬렸다
약을 먹이려는 나와 약을 토해 내는 아이와
나 사이에서 막대 사탕이 몸살을 앓는다
강제로 코를 틀어막고 입속으로
약 숟갈을 밀어 넣지만
울음과 함께 입술 밖으로 약이 흘러나온다
기침과 콧물이 범벅이 된 아이 입속으로
막대 사탕을 넣어 준다
사탕 하나로 철없는 아이의 마음을 흔들어 놓고
어리석은 내 심사 쓴맛이 돈다
사탕을 빨아먹는 아이의 눈빛이 다시는
속지 않을 기세다
엄마의 마음과 달리 누런 콧물이
들락거리는 아이, 대신 내가 아프고 말지
아이 떼어 놓고 영어 배우러 다닌 내가 밉살맞다
젖 냄새가 폴폴 나는 잠든 아이를 품에 안고
영어 단어를 외운다
톱밥으로 보슬거리며 영어 단어가 쏟아지고
아이와 함께 단잠에 빠진 오후

홍매화, 그 푸른 손톱

이른 봄날,
바람 한 줄 옆구리를 툭, 치고 가면
햇살도 덩달아 마른가지들을 발로 걷어찬다
잎사귀들 도란거림이 가까이 들려오고
물길 열고 감은 눈을 뜨는 겨울 가지들을 보면
온 산이 겨울잠을 털어 낸다

눈바람 흔들어 놓은 골짜기에
나도 꽃향기나 뿜어 봤으면 좋겠다
겨울 가지를 붙들고 있는
마른 내 손바닥에 햇살이 따라와 머문다
골짜기마다 살아 있는 모든 것
송두리째 흔들어 놓는다

나도 발갛게 달아오른 꽃이어야 한다고
약도 없는 몸살을 앓아 가며
가지 끝에 붉은 꽃대 밀어 올리며
홍매화 향기 진동한다

저만치 매화나무 가지가
허공에 푸른 손톱을 내민다

빛으로 깨어나다

검푸른 빛을 헤치고
새 아침 붉은 하늘을 보려고 산길을 걷는다
별빛도 아니고 달빛도 아닌
검은 구름 한 조각 불안감을 흔든다
어둠이 자리를 비켜 주는 시간
바람이 구름자락 붙잡고 산등성이를 넘어간다
대지에 숨을 불어넣어 주는
햇살이 퍼질 때를 기다리는 중이다
산안개가 하늘로 오르고
떡갈나무 숨소리가 들린다
둥지 위에 새 날개 치며 새벽을 부른다

사람의 발길에 차여 상처 난 산의 속살이
잎사귀 이불 덮고 잠들어 있다
발걸음은 뿌리를 뭉개고 길을 다지며
새벽빛을 따라간다
하늘 가득 펼치는 붉은 빛부리,
울렁거림이 넘쳐 난다
큰 숨을 토해 내고 눈에 들어오는

빛의 무리를 제대로 볼 수가 없다
쿵쾅거리는 심장 소리 내게로 빛이 쏟아진다
산이 몸을 풀어 붉은 태양을 낳았다

꽃 몸살

자작나무 꽃눈을 달고
새잎이 바람에 오들오들 떨고 있다
나뭇가지를 흔들어 대던 무른 칼바람이
목덜미를 파고드는데,
눈알이 뱅뱅 돌며 어지러웠다
열 나고 팔다리가 쑤시고 몸뚱이에 한기가 들었다

꼼짝 못 하고 이불 뒤집어쓰고 몇 날을 앓았다
문틈을 비집고 날아 들어온 벚꽃 잎사귀가
방바닥에 깔린다
꽃을 보니 언제 아팠나 하고 벌떡 일어나
마당을 서성인다

꽃처럼 피고 싶은 마음 나무가 되어
땅에 발을 묻고 서 있는다

벚꽃이 하늘하늘 떨어지고

복숭아꽃

비밀 품은 나뭇가지 근처가 수상하다
꽃망울 가지 근처에 세 들어 살던
꽃샘바람 몰래 자취를 감추었다

분가루 얼굴에 바르고 새 옷 입은 꽃송이
봄볕 푸른 목덜미에 숨어서
꽃 문 활짝 열어 물관 청소하고 있다
머리에 분홍 머리핀 달고
달콤한 냄새 폴폴 날리며
벌 나비에게 아양 떨고 있다

사랑이 시들기 전에 꽃은
향기를 바람에 흘려 놓는다
엇갈린 마음으로 숨바꼭질한다
입맞춤 하나로
훅, 위험한 경계선 넘어간다

허물어지는 꽃송이 가지마다
손톱만큼 열매를 달고
사랑 하나 가슴에 숨겨 놓았다

봄, 발자국

꽃시계가 깨어나 노랑 카펫 깔아 놓고
푸른 혈관 따라 핀 애기똥풀,
젖내 나는 아기와 봄은 걸음마 중이다

철쭉을 보는 감정

꽃잎에 꽃술 밀어 올리는 철쭉
푸른 잎사귀 사이에서 웃고 있다
분홍빛인가, 푸른빛인가
수채화로 엉클어져
화단 가득 그림으로 펼쳐 있다

무수히 달린 꽃송이가 어깨를 맞대고
키득거리며 발길을 붙잡는다
잔잔한 바람이 흘려 놓은 달콤한 향기
흥흥거리며 꽃송이 사이로 서 있다

연분홍 치마와 녹색 치마 입고
꿈꾸고 살던 시절이 꽃봉오리에 앉는다
꽃으로 피어나려 몸살을 앓았을 너
봄이면 잎사귀를 달고 초록으로 단장한다

동백꽃 눈물은 붉다

베란다 안에서 웅크리고 있던
동백나무가 이상하다
껍질이 벗겨지고 살이 찢어진 틈 사이로
여린 살이 봉긋하게 차올랐다
몸뚱이 허물 벗어내고 밖으로 내미는
각질 사이로 돋아나는 잎사귀들이 푸르다

열꽃이 돋아나고 기운이 빠져 손가락 하나
움직이기도 싫은 날이 있다
그런 날엔 영락없이
붉은 봉오리가 몸뚱이 구석구석 돋아났다
늘 앓던 병이 삐죽 고개를 들어
가려워 긁으면 덕지덕지 상처가 났다
들끓는 열정이 잦아들 때까지
몸살을 겪어야 할 일이다

붉은 꽃을 빚어 가지에 달아 놓고
동백나무로 살아가는 일은 동백나무의 일이다
나도 덩달아 땅에 발을 묻고 동백꽃이 되어 본다

잎사귀를 짜 올리고 꽃망울을 만드는 일은
고된 노동이다

문틈 사이 새어 들어온 바람
탐스럽다며 꽃 주위 얼쩡거리더니
기어코 일을 냈다

뚝, 부러진 붉은 동백꽃

블루베리와 강아지풀

봄날 아침, 블루베리 나무를 화분에 옮겨 심고
거름을 넣어 주고 더운 햇살 자리 골라 앉혀 놓았다
보랏빛을 받아 제 몸 부풀리면서
줄기에 물길 내고 손톱만 한 열매도 달았다
내 입술 달달하게 적셔 주는
블루베리와 보송보송 강아지풀이
화분에서 나란히 세 들어 잘도 살았다

어느 날 블루베리 맛을 따라 돌다가
무성하게 자란 강아지풀이 좁은 화분에
가득 들어차 눈엣가시로 보였다
잡풀 모가지 잡아당긴 것은
내 마음이 시킨 게 아니라 손이다

처음부터 씨방을 달고 자란 강아지풀은
제 씨앗 널리 퍼트릴 궁리하고 있다
그것도 모르고 사정없이 잡아당기고 나서
내내 마음이 걸렸다

풀들도 제 나름대로 사는 방식이 따로 있는데
내 손은 그걸 한발 늦게 알아차렸다

배나무에 열린 하얀 봄

 봄이, 여름이 마당 끝자락에 서 있는 배나무 가지 사이를 소리 소문 없이 다녀갔다 햇살 짧아진 가을날 통통하게 살찐 배가 내 손을 끌어당겨도 나무 밑을 서성이다가 집으로 돌아오곤 했다 보기만 해도 배가 부르고 단물이 흘러 침이 고인다 어느 날, 바닥에서 뒹구는 배를 집어 들었는데 속이 검게 물러져 있었다 가지에 매달린 배 하나 따서 먹으려니 속살에 벌레가 먼저 꿈틀거리고 있었다

 더 이상 벌레에게 주지 않으려 앞치마에 욕심 가득 배를 담았다 바구니에 담아 놓고 잊었는데 제 몸을 비틀며 겨우내 검게 변해 갔다 까치밥이라도 남길 것을 입에 넣을 수 없게 되었다 차라리 벌레라도 먹으라고 양보할 것을 벌레보다 못된 손 먹을 수 없는 배를 돌담 아래 던졌다

 땅속으로 몸을 묻은 배는 몸속 자물쇠를 열고 새싹이 올라왔다

냉이는 잎사귀를 펼치고

햇살이 잘게 부서지는 아침
잎사귀 몇 장 펼쳐 놓은 냉이를 잡아당긴다

뿌리는 도무지 뽑혀 나올 생각이 없다
살아 있는 모든 것들은
제 터를 허물고 나오기 쉽지 않았다
있는 힘 다해 잡아당겼더니
뿌리가 잘려 흙 한 움큼 쥐고 발버둥이다

겨우내 깊숙이 뿌리내려 펼쳐 놓은 잎사귀는
꽃 피워 씨를 거두는 한생을 말한다
봄바람이 들판의 잠 깨울 때
풀냄새가 푸른 목덜미를 돌아 나온다

추위를 이겨내고 잎사귀를 펼친 냉이를 본다
중심을 잃지 않고 힘을 내어 사는 일이다
땅바닥에 엎드려 잎사귀를 펼치고
냉이꽃으로 살아 보는 것이다
흙 기운 몸 안 가득 담아 살아가는 일이다

명자꽃

가지 사이사이에 붉은 꽃들이
무더기로 앉아 있어서 불길인 줄 알았다
너는 명자꽃을 좋아했고, 명자꽃을 닮으려고 했다
명자나무 꽃그늘에 붉은빛으로 물들어
정신없이 빠져들었다

붉은 원피스를 입고 명자나무 꽃을 달고 서 있다
자꾸만 검게 타는 얼굴이 서러워
눈물 같은 꽃잎이 마구 떨어진다
꽃잎 가지 끝을 꼭 잡고 붉게 물들 때
네가 온다는 것을 알고 있었다

너의 눈길 한 번으로
타오른 그때를 생각하며 햇살 아래 버티고 있다
명자나무가 붉은 꽃을 또 빚을 때
나는 여기에 있지만 너는 바람으로나 잠시 머물렀다
 잡으려 내민 손짓 읽지 못하고 한 계절이 지나갔다

봄이 오는 길목에
붉은빛으로 서 있는 명자꽃

꿈꾸는 여자

땅속에 발을 묻고 바람의 목덜미를 잡아 흔든다
바람이 토해 놓은 초록 모가지 위에
가득 하얀 웃음이 번진다
활짝 웃는 감자꽃, 사춘기 소녀처럼 새초롬하다

흙냄새가 좋아 두 발을 땅에 묻고
땅속 물길을 더듬어 간다
햇살이 내려 검게 그을린 그녀의 얼굴,
고랑에 잡초 더미가 쌓이고
물길 바람길을 가려 가며 살아간다
그녀는 밭고랑을 넘나들고 삽질하며
감자 씨눈에 돋아난 새싹 위에 흙을 살랑 덮어 준다

빗방울 한 줄 얼씬거리지 않는 하늘을 올려 보며
검은 구름이 몰려와 비가 오기를 기다린다
감자 씨는 흙 속에 비밀을 풀어내고
여름날 옹골지게 들어 있을 감자
푸른빛 짙은 봄날, 여자의 꿈이 영글어 간다

푸른 바람길

햇살 한 줌으로 바뀐 새벽빛
숲으로 스며든다
잎사귀가 줄기 위에 옹기종기 앉아 있다
새잎으로 돋아나 잎을 넓힐 때
물관 길을 열어 마디마디 꿈을 길어 올린다

꼼지락거리는 발가락이 한 걸음 옮길 때마다
흙덩이가 시끌벅적하다
또다시 바람 냄새를 맡고 말았다
잠자던 세포들을 깨우고
바람을 불러오는 일, 문을 열고 나선다

푸른 새벽, 발길이 닿는 곳에
하루를 풀어놓는다
가지 끝에 꽃봉오리 매달려고
바람이 맨발로 걸어온다
삐죽 내민 여린 손가락이 푸르다

동그랗게 말아 놓은 몸뚱이에 대고
연초록 새싹이 촘촘하게 들어찬다

바늘이 그려 놓은 풍경

자수를 놓는다
한 땀 한 땀 산을 오르고
강이 흘러 들어와 앉는다
바늘 끝에서 색실들이 풀씨를 눕히며
숲길을 따라간다

산수유나무를 그려 놓을 때
산새가 가지 끝에 날아와 노래한다
들길에 앉아
막걸리를 마시고 있는
농부의 눈빛도 바늘 끝에 꽂혀 앉는다

쑥부쟁이가 사그라지고 호랑나비가
제 모습을 감추어도
살아 있으면 만날 사람은
꼭 만날 수 있다는 말도 수를 놓는다

봄이 온다는 소식에
손톱 밑에 여린 살 바늘에 찔려

수놓은 매화꽃이 핏물로 붉게 피어난다
산까치가 자기 짝 이름 부르는 소리
광목천이 요란하다

매화꽃이 피어도 소용없습니다   제3부

종기 꽃망울

나무는 새순을 달고
내 몸에는 어린 종양이 싹으로 돋아났다
필름에 실체를 드러낸 잎사귀
조약돌만 한 덩어리가 꽃망울 같다

눈물이 날 줄 알았는데 웃음이 나온다
병원 문을 나서면서 목련꽃을 보았다
나무가 흙빛 얼굴을 하고 땅바닥에 누워 있다
제 살을 찢어 가며 피워 내는 꽃은
목련나무의 종양이 아닐까
곪아 있던 염증을 꽃으로 피워 내다가
바람에 끌려 땅 아래로 곤두박질한다

내 몸의 둥근 종양도 꽃이라고
생각에 잠겨 약령시장을 걸으면서
약초들을 빤히 바라보았다
햇살과 바람을 품어 약이 된다는 몸뚱이들이
나도 모르게 반가워서 들었다 놓았다 한다

늙은 나무도 꽁꽁 언 눈을 감고 있다가
봄바람 불어오면 새잎을 키운다
봄볕 아래서 내 몸에 어린 꽃망울도
활짝 피어 몸살 앓다가 지고 말 것이다

나무의 일

산길에 층층이 엎드려 있는
나무 계단 따라 능선을 오른다
그 나무 등을 밟고 한 걸음 올라설 때마다
몸도 숨길도 가파르다

나무는 처음부터 어딘가에 길을 내면서
가지를 펼치고 싹을 밀어 올리려고
햇살과 바람의 방향을 꿈꾸었을 것이다
잎사귀와 열매를 달아내려고
구름이며 햇살을 끌어당겼다가 놓아 주면서
천둥과 벼락을 견디어 낸 나무의 길

어쩌면 내가 무거운 짐 부려 놓겠다고
나무 계단을 오르내리는 일이
괜한 핑계인지도 모른다
바람은 무거운 내 등을 토닥여 주고
나무 계단은 자기 등을 기꺼이 내어 주는 것도
나무의 일이다

라디오

자다가 깨어 잠이 부스러졌다
더듬거리며 라디오를 켜고
어린 시절로 다이얼을 맞춘다
아버지가 켜놓은 라디오가 밤을 새워 주던
먼 옛날
나도 아버지 따라 별을 헤아리곤 했다
외로움이 그리움으로 읽히는 저녁이면
은하수에 사이클을 맞춰 놓고
별이 흐르고 달이 차오르는 꿈을 꾼다
자장가의 주파수는 몇 번일까
라디오를 다시 켜면 아버지 목소리가
커졌다 작았다가 잡음도 제멋대로다
재활용도 안 되고, 쓰레기통에
라디오를 두고 오는데
반질거리는 다이얼이 자꾸 눈에 밟힌다
머리맡에서 아버지와 나란히 윙윙거리던 라디오
쓰레기통에서 라디오를 가만히 집어 들고 안아 본다
 시간을 거슬러 오르며 새벽달이 떠오른다

라디오에서 흘러나오는 선율이
아버지 기침 소리를 가만히 덮는다

아버지의 일기장

저녁 어스름에 떠밀려 온 아버지
물살 치고 검은 파도가 아버지의 그물 손에 있다
아버지를 바다로 떠미는 범인은 나였다
뱃길을 열어 바다로 나가는 배를 바라보며
나는 판검사가 되어야 했다
바다에 가면 아버지의 세계가 열리고
집에 돌아오면 호탕한 웃음소리가 하늘을 찔렀다

언제부터인가 아버지는 빈 배로
돌아오는 날이 늘어났다
쳐 놓은 그물망이 눈에 보이지 않아
바다 위를 헤매기를 여러 차례,
구멍 난 그물 사이로 아버지의 기억이
빠져나가고 있었다
부두에 매인 배 주위를 뱅뱅 도는
아버지 그림자가 구멍이 뚫려 늘어져 있다

게을러진 공부를 뒤로하고 나는 배를 물살 위로
밀어

닻을 올리고 바다로 간다
일렁이는 물살에 쓴 물까지 올라오고
머리가 어질어질하지만
그물에 걸린 고기를 건져 올렸다

아버지의 일기장에 그려진 물고기 지도를 보며
오늘도 난 바다로 간다

매화꽃이 피어도 소용없습니다

아버지를 부르며 산에 오르니
산꽃이 아버지 대신 안아 줍니다
무성하게 자란 여름풀들이 묘지를 덮었을 때도
모르는 체했습니다
땡볕이 두려워서 못 간다고 미루고
눈이 많이 와서 포기했습니다
돌덩이를 얹은 발걸음은
매화꽃이 피어도 소용없습니다
이제 와서 잘해 보겠다고 음식을 늘어놓습니다
아버님 한잔하세요
엎드려 절을 하면서 중얼거립니다
저도 한잔합니다
미안해서 술잔 가득 채워 봅니다
웃는 모습을 닮은 막내딸이 응석을 부립니다
슬그머니 눈물을 찍어 냅니다
몰래 내 손에 쥐어 주시던
막대 사탕을 찾아다녔습니다
세상을 돌아다녀도 그 맛을 찾을 수가 없었습니다
조화를 꽂아 놓고 다시 인사드립니다

꽃잎 다독이며 내가 가고
아무리 세월이 가도 절대 시들지 말라고
당부해 봅니다

멀리 산꽃이 가만히 나를 내려다봅니다

눈깔사탕

내 눈보다 더 큰 알사탕을 입안에 넣고
단침을 꼴딱 삼킨다

울음 끝이 긴 어린 날,
아버지가 내 손에 쥐어 주던 눈깔사탕
사탕 하나면 줄줄 흘러내리던
눈물도 그만 뚝

아버지가 그리운 날, 눈깔사탕 하나
입안은 순간에 달달하다

바람 든 무

냉장고에서 꺼내 온 무를 썰었다
칼날이 지날 때마다 무른 몸에서
매운바람이 새어 나왔다
토막으로 잘려 나오는 바람들이 서걱거렸다
칼집을 낼 때마다 절집 뒷마당에서 들려오는
풍경도 바람 소리도 푸르게 잘려 나온다
그 쓸쓸함이 무에 그대로 배어 있다

산다는 것이 스스로 바람구멍을 만드는 일이다
품 안에서 떠난 아들이
가정을 꾸려 가는 것도
아들과 내가 나란히 바람구멍을 만들며
살아가는 것이다

이따금 걸려 온 아들 전화 목소리에도
감기 든 사람처럼 목덜미를 쌀쌀하게 한다
문자로 생일 카드 한 장 달랑 보내고
바쁘다는 핑계도 가느다란 바람으로 흘려 놓는다
무릎 관절에 바람구멍이 송송 뚫렸는지

아까부터 통증이 오락가락한다
온몸이 맵다

신호등

빨간 불빛 보고 액셀을 밟았다
교통 순찰차도 빨간불을 켜고 달려들었다
거기 서라고, 지시봉을 흔들었다
머릿속에서 가속이 붙고 자동차 문이 열렸다

괘씸죄로 받은 빨간 딱지,
덤으로 벌점까지 낙제 점수 받았다
그래, 몰래 숨어서 지켜보는 선수가 따로 있었다

나도 모르게 실수를 연발하고 산다
파란불에도 달리고 노란불에도 달리며 살았다
차선을 무시하고 달리는 자동차보다
앞서 달리고 싶어서
정지선을 내 마음대로 넘나들기도 했다

좀 쉬었다 가라고, 신호등이 말해 줘도 그때뿐이다
세상 곳곳에 선수가 숨어 있어도
아랑곳하지 않고
여기까지 잘도 달려왔다

밤송이

누구라도 내 몸에 손댔다가는
가만두지 않겠다고 벼르고 있다
한여름 향기를 흘려 놓고 바람둥이가 놀다 간
둥그러진 몸뚱이 잎사귀 뒤에
몸을 숨기고 가시를 세운다
꿈틀거리며 기어오르는 게으른 벌레를
몸에 받아들였다간 끝장이다

잠을 털고 일어나 경운기에 시동을 걸고
운전대를 잡는다
쉽게 살아가는 것은 사는 것이 아니라고
숨이 목까지 차올라도 가시를 세우고
벌레를 잡는다
그러다가 쓰러지면 안 된다고 말짱 헛일이라고
가시를 두른 몸이 멋대로 영글어 갔다

내가 살기 위해 남을 찌른 가시가 부러져
그 자리가 멋대로 곪아 갔다
상처를 덧대어 감은 붕대를 풀고

소중하게 여겼던 가시 옷을 벗어 버렸다
햇살 품은 내 속이
파랗게 갈라져 새순을 틔우고 말 것이다

세기 사진관

렌즈가 눈을 감았다가 뜨는 순간
이상한 얼굴이 나왔다
사진사에게
하느님도 부처님도 어쩔 수 없는 세월의 흔적과
새치 머리칼 몇 줄 지워 달라고 애교 떨었다
사진사의 손끝에서
순식간에 청춘을 거스르며 지우고 뭉개지더니
주름살은 고급 인화지가 덤으로 뽑아 먹었다

이력서 한쪽 모서리에 오려 붙여 놓고
어색하기 짝이 없는 이름과 얼굴이
어둠 속에서 절망보다는 빛을 만나는 꿈을 꾼다
내 이름 불러 줄 일 없는 휴대 전화기를
몇 번이나 들었다 놓았다 한다

기다림은 어디 써먹을 데 없는
문자로 날아들고 휴지통 비우기에 바빴다
문자를 보내도 감감무소식인데
아무래도 내 얼굴 알아보지 못한 게 분명했다

증명사진 속 얼굴에 죄를 묻는다면
사진사의 손장난이고, 내 얼굴은 공범이다

벌집

며칠 벌이 보이지 않았다
벌집 딸 때를 엿보다가 기회가 온 것이다

가게 천장 귀퉁이를 바쁘게 드나들더니
밤톨만 한 벌집이 하루가 다르게 부풀었다
매일 꽃가루를 나르던 벌들,
마당에 배꽃 주위를 기웃거리기도 하고
뒷산 밤나무 숲을 다녀오기도 했다
꽃가루를 몸에 가득 묻히고
사람 사는 집을 제 집처럼 드나들었다

소주와 통을 사놓고 말벌 주를 담아야겠다고
벌집을 노려보며 궁리했다
꿀을 훔쳐 먹으려는 생각에
벌써부터 입안에 침이 가득 고인다

벌통 꼭지를 갈고리로 힘차게 잡아당겼다
말벌에게 물리면 응급실에 실려 간다는데
온몸에 식은땀이 들었다

벌통이 땅 아래로 둔탁한 소리를 내며 떨어졌다
얼른 달려들어 벌집을 살폈다

여름내 군침을 삼키며 꿀 항아리를
훔쳐보았는데 꿀 한 방울 없다

어쩐지 벌들이 없다 했더니만 꿀은 없다
빈집이다

입안이 쓰다

입속의 동전

땅바닥에서 반쯤 얼굴 내밀고
빤짝거리는 무엇이 내 발목을 붙잡았다
두리번거리다가 얼른 집어 손안에
움켜쥐고 덤벙덤벙 걸었다

세상 모퉁이 돌다가 넘어진 몸뚱이에
오백 원이라는 한글이 뭉개지고 상처가 남아 있다
여위어 가는 빛이 내려앉은 동전
그래, 나도 한때 눈부시는 몸이었다고
쨍그랑 날갯짓으로 말 걸어온다

내 삶에 공짜는 한 번도 없었다
고르고 골라 쓴 행운의 로또 번호는
늘 비켜 하늘로 날아갔다
먼지만 잡히는 주머니 속을 자꾸만 만져 보다가
톱니로 만져지는 날개는 도대체 어디로 날아들까
한없이 궁금하기만 했다

동전은 주머니 속에서 며칠을 돌돌거리다가

세상모르는 고사리손으로 굴러가
흔적 없이 녹아들었다
오백 원이 어린아이 입술에서 살아났다

블라우스

야식과 늦잠이 길들여 놓은 살
그 살을 덜어내자고 에어로빅과 걷기를 했다
운동 끝나면 피자와 커피가 손목을 끌어당겨도
저울에 눈금을 생각하며 딴청을 부린다
옷장 속에 작아진 옷들을 펼쳐 놓고
살이 빠지면 입겠다고 나에게 말했다
몸매가 잡혀간다는 사람들의 말에
아껴 둔 블라우스를 꺼내 입었다
검정과 빨강으로 번갈아 무늬를 놓아
옷만 보면 그대로 날씬해 보였다
어깨와 가슴이 조이는 듯해도
거울은 내 모습을 가늘고 맵시 있게 담아 주었다
배에 힘을 주고, 줄무늬도 세우고 모임에 갔다
그 많던 살들 어디 갔냐고 몸매가 예뻐졌다며
사람들이 한마디씩 보태 준다
집으로 돌아와 옷을 벗는데
어디서 기분 나쁜 소리가 들려왔다
겨드랑이와 팔 사이 간격이 벌어지고
줄무늬 블라우스가 서로 엉키어 풀어지지 않았다

돌돌 말아서 쓰레기통에 넣고 돌아서는데
왠지 불길한 생각이 떠올랐다
아! 그 블라우스,
까맣게 잊고 있던 남편의 생일 선물

모피 코트

돌부리에 걸려 개구리처럼 땅바닥에 쭉 뻗었다
눈이 온다고 들뜬 기분으로 언니 옷장에서
모피 코트를 몰래 꺼내 입고 나온 길이다
밍크 살갗이 찢어져 벌어진 사이로 핏물이 샜다
흰빛과 붉은빛 엉킨 자국이 눈 속에 들어왔다
빨갛게 물든 얼굴을 옷 속에 파묻고
아픈 다리를 절뚝거릴 때
사람들의 웃음이 달팽이관 속으로 들어왔다
서둘러 집으로 돌아오는데 울음 대신 웃음이 났다
언니의 옷에 눈독을 들이고
언니보다 내가 더 예쁠 것이라고 욕심부렸다
너덜거리는 밍크의 몸뚱이가 나보다
더 가여워 어루만진다
한 치 앞도 모르고 일을 당하니까
돌부리가 원망스럽다
나 아닌 다른 사람으로 살면 빛이 날까
순간 잘못된 선택이라고 중얼거리지만
내 눈 속에서 눈이 펑펑 녹아내린다
외출하기 전 옷장 앞에서

서성거리던 시간으로 되돌리고 싶다
언니 몰래 모피 외투를 가져다 놓을 일이 걱정이다
화난 언니의 얼굴을 피하고 싶은 오 분 전

오 분 동안

햇살에 담금질하면 순결하다고
큰맘 먹고 때 빼고 광내러 가는 길
천둥 울고 먹구름에 구르며
빗줄기들의 연금술

빗소리 대신 인공 박수 쏟아지는
변두리 주유소 철판 식장에서
신랑·신부는 가당치 않고
축하객 그림자 한 줄 얼씬거리지 않는
나 홀로 쓸쓸한 행진곡

불꽃 없는 폭죽 울음 통과 의례로
빠져나오다가 톱니바퀴에 엉켜
비눗방울 뒤집어쓰면서 이 결혼 무효라고
하필 옛 애인이 나타나
타임스위치 되돌리며
다시 돌아와 입장하라고 한다

자동 제어기가 기억하는

자잘한 상처들이
거품으로 부글부글 끓어오르며
멈춘 바큇살, 땟물 빠지지 않은 얼굴에
오물 세례를 덤으로 안겨 준다

고장 난 자동 세차기 속에
몸 묶여 멈추어 있는 오 분의 순수
되장도 못 하고 갇혀 있던 그 열 시간 동안
'누가 나 좀 데려가 주세요'
절박한 외마디 새어 나오는데

어? 난 또 어디를 다녀왔지?

고양이의 간언

  검은 줄 옷 입은 고양이가 골목 어귀에서 어슬렁거렸다
  울음이 새어 나오는 길목에 밥을 흘려 놓았다
  꼬질꼬질한 털이 갈비뼈에 들러붙어 볼품없는 길냥이
  하지만 나를 붙잡는 두 눈은 별빛을 담아 놓았다

  허기를 내놓으며 먹이를 먹는 모습에 궁금증이 불쑥 떠올랐다
  친해 볼 양으로 손 내밀면 등을 말아 세우고
  나와 걸음 수를 재며 거리를 둔다

  입속에 숨겨진 슬픈 울음을 뱉어 내며 내 다리에 머리를 치댄다
  몸을 낮추고 안으려 들면 온몸에 칭칭 울음을 감고 멀찍이 떨어졌다
  그 속내를 알 수가 없어 일어서면
  길고양이는 쓸쓸한 눈빛을 어둠 속에 뿌려 놓았다

고양이 앞발을 햇살이 끌고 가는 저녁,
가냘픈 울음소리가 내 고막을 통과해 들어와
대문을 열고 나도 모르게 골목 어귀로 달려 나간다
먹이를 먹고도 달아나지 않는 고양이
내 품에 쏙 들어와 따뜻한 온기가 스며든다

덕지덕지 눌러앉은 외로움을 벗겨 놓으니
내 마음이 말랑해진다
고양이가 갸릉갸릉 내는 소리는 나를 들었다 놓았다 한다
방구석에 자리 잡고 골골대며 잠들었나 싶은데
어느새 문밖에서 울고 있다
버려진 마음은 한 번으로 충분한 듯 좁혀지지 않는 거리가 있나.

갈등의 시간

책상에 앉으면 초침이 바람으로 돌고
분침이 퉁탕거리며 뛴다
볼펜은 시험지를 더듬어 보려 들고
문제는 저희들끼리 따로 논다

예문 읽으면 가닥이 잡히지 않고
정답과 오답이 왔다갔다 정신 줄이 그네를 탄다
머리에서 손끝까지 오답들이 속살거리고
맞은 답인지 틀린 답인지 헤매고 있다

가끔 시험 보는 악몽을 꿀 때도 그랬다
수많은 문제를 일으키고 그 속에서
정답을 찾으려고 하지만 오답도 답일 때가 있다
처음부터 없는 답을 찾으려고 사는 것인지
빽빽하게 들어앉은 정답과 오답이
서로 잘났다고 우기며 싸우고 있다

토끼 인형

내 몸에서는 늘 젖 냄새가 폴폴 난다
아기는 나를 팔로 감싸고
"안녕 친구야 잘 잤니?"
잠에서 깬 아기의 달짝지근한 목소리에
심장이 콩닥거린다

옷에 달린 당근이 과자인 줄 알고
침을 진뜩 흘려 놓지만 싫지 않다
먹지 않아도 배부른 나
우유병을 입에 넣고 먹으라고 종알거린다
삼키지 못해 앞자락이 흥건하다

빨랫줄에서 햇살에 보송해지는 날
내가 없어진 줄 알고 아기가 울고 있다
그 울음이 스며들어 덩달아 눈시울이 붉어진다
아기의 웃음과 울음이 내 안에 숨 쉬고 있다

장미, 깨지다

제4부

흘리다

계단을 내려가는데 손이 허전하다
다시 집으로 돌아가 이 방 저 방 뒤적이는데
가방에서 휴대폰이 부르르 떤다

자동차 엔진을 켜는 데 시동이 걸리지 않아 허둥댄다
이번에는 키를 어디에다 흘려 놓았을까
진기가 나간 머릿속은 깜깜하고 아득하다
무심코 올려다본 감나무 앙상한 가지에
매달려 있는 검붉은 감,
가을 햇살이 물들여 놓은 빛깔이 왠지 서럽다

한 곳을 바라보며 달려온 나,
사람 하나가 내 안에 깊수이 파고들어 외 흔든다
안테나를 세우고 주파수에 맞추며
사랑도 애증도 붉은 감으로 영글어 간다
어느 날부터 흔들리는 눈빛을 들켜 버리고
쉬지 않고 달려온 길 위에 시간을 흘리고
내가 걸어온 흔적도 흘리며 산다

전화기에 눈빛을 고정해 놓고
목소리가 출렁이기를 다시 기다린다

고양이 생각

소파 한 귀퉁이 물어뜯어 놓고
어슬렁거리며 발등을 간질거렸다
고양이 발톱에 방바닥 장판이 뜯겨 나오고
찢어진 틈 사이로 시멘트 가루가 피어올랐다

네가 하늘나라로 떠나는 날, 당장 소파부터 바꾸겠다고
고양이 눈에 대고 말했다
벽을 긁어 대고 화가 나면 내밀던 고양이 발톱이
무뎌지고 송곳니가 빠졌다
바닥에 오줌을 흥건히 적셔 놓고 보란 듯이
꼬리를 세우며 걸어 다녔다
뭔지 모를 기품을 떨어대며 지나가는 얄미운 고양이
때론 기르는 것인지,
신처럼 받들고 사는 것인지 아리송하다

나비야, 이름을 날카롭게 부르며 눈에 불을 켜면
야옹거리며 품에 안아 달라고 아양을 떤다

어찌 내 기분을 읽고 가릉거리며 기분 좋은 소리를 내고
　다정한 눈빛을 발사한다

　네가 있다는 힘으로 내가 견디며 살아온 시간,
　십 년 동거를 필름 영화처럼 되돌려 본다
　늙어 가니 안 하던 버릇을 하고
　병치레로 약 먹이는 날이 더해 간다
　어찌 너를 보낼까?
　널 품에 안고 그럴 수 없다고 토닥여 준다

말랑말랑한 꿈

이력서 한 장 내밀고 면접관 앞에서
희망의 빛 한줄기를 찾고 있다
눈앞에서 불침번 서고 있는 상사와
나 사이에 고압 전류가 흐른다
날카롭게 보는 눈빛에 불똥이 튄 것 같아
화끈거리는 몸이 문을 부수고 밖으로 나왔다

이력서 경력 칸에 밀어 넣을 수 없는
공원 의자에 우두커니 앉았다
푸른 잎사귀가 무성한 나무는 하늘을 가리고
그늘을 넓히고 있다
빛과 빗소리만으로도 잘 살아가는 나무처럼
나도 나무가 될 수 있을까

나무 밑에 고요뿐인 그림자 한 점 깔고
두 팔로 무릎을 끌어당기며 잎사귀를 내밀었다
먹구름 비 한 방울 어림없는 목마른 나무에
등을 기대어 소식을 기다린다

면접관의 기약 없는 약속이 판결문으로 날아왔다
나는 무언가에 감전되어 마구 달린다
내 발등에 기쁨의 뿌리는 무럭무럭 자라났다
그래 나는 마라톤 선수다
우승 트로피를 두 손으로 받들고 환호성을 지르면 된다

하늘에 무수하게 별똥별이 떨어지는
꿈이라고 하기는 너무 또렷하고 생생하다

버스는 떠나고

버스에 잠 보따리를 풀어놓았다
꼭꼭 눌러 담아 온 꿈
눈을 떴을 때 두 정거장을 생략하고 지나왔다
낯선 풍경에 놀라 벨을 누르고 내렸다
등골을 오싹하게 한 것은
버스에 모셔 놓은 가방과 외투다
매연을 뿜고 멀어지는 버스 꽁무니가
손 흔들어 주는 비겁한 안녕,
몸뚱이가 지녀야 할 것들은 한계점에 이르고
얼음골 돌아온 바람이 속살까지 들어와 벌벌 떨어댔다
출근을 포기하고 집으로 가는 동안
한껏 달아오른 한계점을 넘지 않으려고 팔로 몸을 감싸 보았다
어떤 깊이를 가질 무렵 몸부림치면 꺼져 버리고
식어 버리는 것들 새벽까지 게임판에서 놀아난 쓰라린 값이다
나는 범인이 아니라고, 눈과 손가락이 시킨 일이라고

내 탓이 아니라고, 내가 나에게 변명을 늘어 본다
살아야 한다는 것은 먼 곳을 바라보지 않는 것이다
한순간 실수가 모든 것을 잃어버리고
게임을 다시 하면 사람이 아니라고,
또 한 번 내가 나에게 협박하면서
나는 지금 어디로 가지?

돌배나무와 모퉁이

 저 구석은 불안하다 언제 떨어질지 모르고 모서리를 꼭 붙잡고 서 있다 바람에 떨어진 못난이 열매, 내 발밑에 떨어진 연서였다 돌배나무 그림자를 지나 뒤엉킨 내 서랍에서 쏟아져 나오는 이야기들이 열매처럼 떨어진다 고층 아파트 승강기 내려오는 속도가 재촉하듯 떨어져 어디든 가야 한다 그저 내가 가야 할 길을 찾아야 한다

 모퉁이를 지나는 길은 또 다른 방황의 출발점이다 하얀 햇살이 쏟아져 내리고 녹색 팔 뻗어 오르는 하늘은 멀고 아득하다 나무가 가지를 내고 잎사귀를 내는 속내를 나는 모른다 가을 그림자가 기울고 겨울이 찾아오기 전에 어디든 가야 한다고 돌배나무가 속실거린다

 길모퉁이를 돌면 담벼락 너머로 팔을 뻗어 놓은 돌배나무 자기 그늘로 영역을 넓힌다 나도 가만히 눈감고 팔을 펼쳐 본다 붕대 감은 다리로 뛰다가 굴러도 본다 돌배나무가 버린 욕심 덩어리, 발밑에 부

서진 잎사귀들은 대꾸가 없다 내가 버려 놓은 불안
이 모퉁이에서 살이 짓무르도록 부딪히기 때문이다

빙고※

  몸은 박자를 기억한다 악보가 알고 있는 건 팔다리의 연주, '사는 게 힘들다고, 삶이 싱거우면 재미없다고 빙고', 귀를 씻어 내는 아무나 따라 부를 수 없는 노래 몸이 박자를 타려고 뒤뚱거린다 하늘을 날아가는 종이비행기처럼 팔을 활짝 펴고 가수가 꿈꾸는 세상이 행복한 삶이라면 나도 행복한가 노래는 살아서 내 몸속을 파고들고 나는 더 많이, 오래오래 살아내려고 얼굴이 벌겋게 타오를 때까지 죽을힘 다해 몸 흔들며 다시금 엇박자를 탄다 나는 살려고 견뎌 내고 박자는 땅바닥에 구르는 나뭇잎이 싫어서 바락바락 악쓰면서 사분의 삼박자로 뒹군다 발밑에서 미처 악보가 되지 못한 나뭇잎은 돌아눕는다 아무리 몸 흔들어 봐도 악보는 여전히 무겁고 몸과 마음은 따로 이긋니며 잘도 논다 젊은 나이에 노래만 남기고 떠난 가수의 목소리가 내 몸에서 엇비슷하게 새어 나온다

  ※빙고: 거북이 노래

겨울과 봄 사이

올망졸망 복수초가 삐죽 고개를 내밀었다
얼음 바람 비질하여 하얀 눈 깔린 산자락에
겨울잠을 털어 버리고 꽃대를 올렸다

꽃송이 물고 있는 푸른 잎사귀 위로 내려앉은 눈
덩달아 피는 꽃 감기 걸릴까, 웅크리는 봄

산자락에 핀 꽃 만나러 나선 길
한번 훔쳐본 너의 모습에 나도 흰 눈을 뒤집어쓰고
앓아누울까 봐
주섬주섬 봄꽃 가방에 넣으려 하자
꽃들은 제자리에 있어야 한다고 뒷걸음질 친다

꺾일 줄 모르는 햇빛 받으며
절벽에 돌단풍도 삐죽 내민 푸른 손가락
너도나도 새롭게 필 거라는 아른거리는 봄날

덜 핀 노란 꽃잎은 내 눈을 깊게 찔렀다
경계 없는 계절에 금을 그어 놓고

바람난 내 신발은 산을 오른다
돌아갈 막차도 끊긴 어둑한 저녁

장미, 깨지다

이별이라고, 그런 줄 이해하라며
얼굴도 마음도 안 보여 주고
문자가 대신 날아들었다
들고 있던 접시가 내 몸의 중심을
깨뜨려 놓고 바닥에 나뒹굴었다
가슴에 안고 있던 꽃송이가 쨍그랑 울고
바짝 날 선 커피나무 가시는
손가락을 찌르며 붉은 눈물을 짰다
꽃송이가 바닥에 어지럽게 흩어지고
사금파리 내 사랑도 조각났다
당신과 접시를 빚을 때
차라리 꽃잎은 새기지 말았어야 했다
처음부터 장미 향기도 오려 넣는 것이 아니었다
깨진 조각들이 손가락에서 꽃망울로 피었다
퉁퉁 부어오른 손 온몸으로 앓았다
당신과 나 사이에 안개꽃이 창백하게 흐르고
밤마다 주고받던 하트 그림이
그대로 선명하게 반품되어 돌아오는 시간
이젠 휴지통에 버려야 한다

내가 당신에게 해줄 수 있는 선물이 있다면
당장 전화번호를 지우는 일 서로 낯선 얼굴이어야
한다
당신이 찔러 놓은 가시를 뽑고
몇 번이고 붕대를 감았다 풀었다
그 속에서 깨진 꽃잎이 풀려나왔다

호떡 익어 가는 저녁

밀밭을 돌아다니던 바람이
언 발로 포장마차 안으로 들어왔다
손을 비비며 배고픈 것을 고른다

철판 위에서 차가운 밀가루 덩어리가
기름을 두르고 지글지글 피어올랐다
고소한 냄새가 포장마차 안을 가득 채우고
남자의 손에서 반죽 덩어리가 동글동글 구른다
내 손에는 아직 익지도 않은 호떡이 들려 있고
눈은 호떡을 먹고 있는 참이다

한 입 베어 물고 서 있는데
남자의 손등에 부풀어 오른 물집이 눈에 들어왔다
동그랗게 빚은 모양이 일그러질 때
삐져나온 설탕이 지글거리다가
가끔 손등을 타고 오른다고 혼자 말했다

한때, 가수를 꿈꾸고 무대 위에서
부풀어 익었을 시절이 있었다고 남자가 말했다

하지만 음계가 올라가지 않고 목소리가 잠겨
무대를 내려왔다는 아픈 이야기를 흘려 놓았다

철판에서 반죽 덩어리가 기름에 지글거리고
남자는 방금 멈춘 노래를 노릇하게 굽는다
무성한 남자의 한 시절이 익어 가는 저녁
산다는 것이 어찌 계산대로 다 치러질 수 있겠냐
빙긋 웃는 남자의 눈에서
저녁이 씁쓸하게 기울고 있었다

붉은 장미 나무

가지 끝에 햇살 한 송이 봉긋 차올랐다
그 붉은 봉오리가 여기저기 구석구석 돋아난다
기진맥진 입은 마르고 목이 타올랐다

조리개에 물을 뿌리던 사람이 소리를 지르며
여기 봐, 내가 좋아하는 붉은 장미야
베란다에 터 잡아 살기에는 아깝다고
붉은 꽃송이를 가위로 잘랐다

아픔은 고스란히 나의 몫,
참고 견디는 일이다
죽을힘으로 피워 올린 꽃송이를
한순간에 빼앗기고 슬픔은 스며들어
병약하게 만든다
잎사귀들을 다 떨어뜨려 놓고 눈을 감았다

다시 경험하지 않겠다고
절대로 꽃을 피우지 않겠다고
이 악물고 다짐한다

햇살이 또 찾아와 가지를 감싸고
붉은 꽃들이 고개를 든다

아픔은 거짓말처럼 잊어버리고
또다시 붉은 상처 덩어리를 달아 놓는다

이쑤시개

장미가 되겠다고 껍질을 버리고
세상에 왔을 때
누구나 한 번은 꽃을 꿈꾸기 마련이라고
그저 환장할 일이 생길 것 같은 날,
눈빛 한 줄로 심장이 벌렁거리는 만남이었다
장미꽃 피는 마음에
바람길, 내며 온몸이 덜컹거린다
뭉친 결정체 파내고
길 내어 입속에 바람 불어넣었다
이어달리기로 겨우겨우 달려온 생이
길 꺾어 돌아가는 것은 한순간이다
경계 넘어 온갖 쓸모없는 것을 파내고
버려야 할 시간, 푸른 바람길을 내었다
감당하기 버거운 짐을 부려 놓고
어깨를 토닥여 본다
달려온 길모퉁이에 앉아
어딘가에 묶여 있던 나를 풀어놓는다
모든 생각에서 사라지는 이별은
작은 것이라 하지만
맥박은 쉬는 날도 없이 그냥 뛴다

세 뼘 자리

 전철을 타면 내 눈에는 빈자리만 보인다 사람들 틈바구니 헤집고 다니다가, 여기가 내 자리라고 떡 버티고 서서 눈짓한다 어린 여자 앞에서 아픈 척해 봐도 동정심은 도대체 먹히지 않고, 핸드폰에 눈을 고정한 채 야속하게 일어날 기미도 안 보인다 그 어린 여자가 앞으로 한걸음 옮겨 섰다 내 딸이라면 저렇게 앉아 있지 않을 거라는, 어리석은 생각을 하다가 빈자리 하나 눈에 들어와서 광속도로 자리에 앉았다

 자리에 앉아 눈을 감으면 온 세상이 내 것이다 고개는 옆 사람 어깨 쪽으로 자꾸만 까딱거리고, 화들짝 놀라 입가에 침을 닦으려고 하면, 옆 사람 날카로운 눈빛이 내 얼굴을 할퀸다 몸 구부리고 앉아 눈을 크게 뜨고 잠을 몰아내 보지만 아늑한 세 뼘 자리는 내 손을 잡고 어느 먼 잠꼬대 속으로 자꾸만 나를 끌고 간다

 사람들이 시끌벅적 몰려 있었다 필통에 빽빽하게

들어 있는 연필처럼 서 있는 사람들, 깜짝 놀라 눈을 떴을 때 전철 문이 닫히고 내려야 할 정거장은 벌써 지나가고 전철은 둥근 관절 마디로 쇳소리를 내며 강을 건너고 산을 넘고, 급기야 땅속을 둥글게 파내면서 달리고 있었다

봄의 표정을 읽다

거울과 나 사이에 봄이 있다
미용사 손에 들려 있는 가위가 춤을 춘다
머리카락 사각거리는 실내 버스킹이다
낡고 지친 것들이 검은 콩나물 뿌리처럼 잘려 나가
바닥에 내려앉는다

아무렇게나 꽃병 속에 갇혀 있는 생강나무는
속없이 방실거리며 노랗게 웃고 있다
생강나무 목덜미에 앉은 햇살이
손톱만 한 꽃봉오리와 함께 거울 속으로 들어온다

생강 냄새 풀어내는 푸른 숲에는
덜 자란 봄이 얼음 바람을 밀쳐 내고
손톱만 한 새싹을 땅 위에 뿌려 놓았다
살얼음 낀 시냇물이 물고기 잠 깨우려 졸졸거린다
내 손톱에도 푸른 물색으로 물들었다

쉼 없이 내 머리카락을 탐내며 춤을 추던 가위는
멈췄다

꽃 따라 숲으로 갔던 꿈, 봄이 머리카락 사이에 숨어들었다
 덩달아 부풀어 오른 몸에 연초록 바람이 스며든다
 미용사가 만들어 준 낯선 봄이 거울 속에 있다

언니와 은행나무

 노란 물감을 뒤집어쓰고 있는 은행나무, 잎사귀는 그만 떨어져 뒹굴고 싶어서 무거운 가지를 흔들고, 가지는 잎사귀를 놓아주고 싶지 않을 거라고, 언니가 말했어

 푸른 손을 내밀어 나란히 햇살을 나누는 사이지만 어딘지 다른 구석이 있어 서로 부딪히기도 하고, 감싸 주고 달래 주기도 하던 언니였지

 다가오는 낯선 이별, 저렇게 많은 잎사귀들이 푸름을 잃고 사라지는 것은 시간 흐름을 역행하지 않으려는 것일까, 세상을 떠나는 마른 잎새와 새 잎새들에 대해, 그것은 나무가 살아가는 길이라고 언니는 말했지 찬바람이 자꾸만 흔들어도 두 눈을 꼭 감고 있으라고, 두려워 말라고 내 손을 잡아 주었지

 손톱만큼 작은 추억의 장면들도 가슴에 간직하고 다정했던 시간이 갈바람에 쓸려 갈 때, 바람이 부는 대로 흩어져 어디론가 제 갈 길 가겠지 그래, 우리

두려워하지 않고 이 길 끝까지 가보는 거야

 언니, 이대로 다시 나를 안아 줘
 마지막으로 언니의 서걱거리는 바람 소리를 듣고
싶어

유카

나는 유카라고 해
빌딩 벽에 부딪혀 오는 바람이
내 옆구리를 스쳐 지나가지
가로등도 네온도 다 내 친구야

내 성질은 건조해
하루 종일 달궈진 아스팔트 냄새가
머리를 아프게 할 때 예민해진 나는
삐쭉한 잎사귀를 켜켜이 세우지
매연을 뿜고 달아나는 자동차와
오토바이가 나를 키우지

어름날 꽃 문 열어 꽃대를 기다랗게 늘어놓고
올망졸망 하얗게 꽃을 달아 놓지
지나가는 사람들 아무도 눈여겨봐 주지 않아
그래도 괜찮아 나는
나름대로 살아가는 길을 찾고 있지
튼튼한 뿌리가 버티고 있는 한 난 살고 있어

하얀빛의 꽃등을 달아 놓고
거리의 등불이 되고 싶은 꿈
아메리카에서 온 내가 살아가는 힘이지
내 고향 햇살과 흙냄새는 이제 다 잊어버렸어

빵은 언제나 맛있어

구수한 냄새가 나는 곳을 따라간다
맛있게 펼쳐 놓은 빵들이 눈에 가득 들어왔다
소금 뿌려 구운 짭짤한 빵,
딸기와 생크림을 두른 빵 군침이 절로 나왔다

맛으로 소문이 떠다니는 단팥빵 집
반값 세일한다는 문구까지 달달하다
북적거리는 사람들 뒤에 나도 긴 줄을 섰다
사람들과 어깨를 부딪치며
욕심껏 담아 온 예쁜 빵이 방글거렸다

둥그런 몸매에 팥앙금이 달콤하게 숨어 있는 단팥빵
경계를 허물고 날 스르륵 녹게 한다
정신없이 먹어 치운 빵,
헐렁하게 쌓인 봉지를 보니 후회가 밀려든다

맛있게 먹으면 0칼로리라 하지만 내겐 당치 않은 말이다

당수치가 높아 먹지 말라고 하던 빵
의사 선생님 말씀이 귓속을 후벼 판다

전철 안에서

일단 자리 잡고 보는 거야
나도 한때 임산부였다고, 나도 언젠가
당당하게 노약자가 되고 말 거라고,
시치미 떼고 엉덩이를 깔아 보는 거야

발이 퉁퉁 부어오르고 마음대로 안 되는 눈꺼풀
불편한 마음 가방에 접어 넣고
무릎 위에 가만히 올려놓았어

그냥 모자를 눌러쓰고 기도하는 거야
부처님도 좋고 예수님도 좋고 하느님도 좋아
실눈 뜨고 보니 앞에 서 있는 사람이
나를 째려 보았어
마음은 앉아 있는데, 몸이 벌떡 일어났어
할아버지에게 떠밀려 그 자리에 주저앉았지

다시 일어나려 하다가
나도 손자가 있다고 염색을 해서 그렇지
무릎에 밀어 넣은 연골 주사가 한두 대가 아니라고

속으로 마구 떠들어 댔어

내 앞사람이 나보다 등이 굽어 보이는 거야
일어날까 말까 눈치만 보다가
퉁퉁 부은 발을 겨우 구두에 구겨 넣고
일어서려는데 옆 사람이 일어났어

안도의 숨을 내쉬고 또다시 눈을 감으려는데
문 앞에 서 있던 아저씨가 다리를 절며 내 앞으로 다가오는 거야
내 나이 이팔청춘도 아닌데
아무 효과도 없을 거지만 그냥 모자를 눌러썼어
그리고 두 눈을 질끈 감았어,
일단, 그랬어

디딤돌

물 밖으로 돌이 한 뼘이나 더 자라났어
땡볕에 목을 길게 내밀며
얼굴에 시원하게 쏟아 주는 빗방울을
간절하게 기다리는 거야
정작 건너고 싶은 쪽은 나인데
한 걸음도 너에게 가지 못하고 바라보고만 있지

햇살은 등살에 내려앉아 얼굴은 빨갛게 달아오르고 있어
무릎을 시리게 하고 지나가는 물살을
따라가지 못해 물끄러미 지켜보고 있어
물살이 내 몸을 어루만지며 물결을 만들어 가듯
딱 지금 이 자리 지키고 있기로 해
우리 서로 알맞게 멀어져야 하니까
사는 것도 딱 그만큼의 간격이 필요하지

한 걸음 떨어져서 보면 환하게 보이는 속
널 생각하는 마음이 얼마나 깊이 묻혀 있는지
나를 밟고 지나가는 발걸음에 멍이 들어도

꼼짝하지 않고 버티는 일은 얼마나 힘든 일인지
도무지 짐작할 수 없는 일이지

우리는 이곳에서 서로 바라만 보고 살아왔어
내 옆에 당신이 있다는 것을
알아채기까지 너무 오랜 시간이 걸렸어
아이들이 자기 짝을 찾아 떠나고
다시 보는 당신과 나 사이

조현순 시인의 시 세계 | 해설

> 해설

일상을 응시하는 따뜻한 사유, 삶의 향기로운 성찰과 노스탤지어
―조현순 시인의 시 세계

나정호 | 시인, 극작가

흐르는 물은 낮게 엎드려 스며든다. 웅덩이를 키우며 앞으로 나아간다. 나무와 숲도 하늘의 웅덩이를 향해 가지를 밀어 올리며 노를 젓는다. 저 닿을 수 없는 곳에 이르려는 욕망이 어디 사람뿐이겠는가. 요컨대 닿을 수 없는 무엇을 두리번거리며 찾아가는 자들이 시인이다.

누구에게나 상승과 자유 비행의 꿈은 있다. 날아오르는 새를 올려다보고, 맑은 물속을 유영하는 물고기를 보면서 날렵하게 물살을 차오르는 유선의 몸매를 부러워하는 존재들은 더욱 그렇다. 날지 못하는 존재들의 꿈, 그러나 그들이 날아오르고, 지느러미 치기

이전의 움직임을 보았는가. 그 움직임을 향한 처절한 욕구를 조현순의 시에서 읽는다.

먼저 신춘문예 최종 선에 오른 작품 〈춘자〉는 시인에게 배신과 상처의 경험을 안겨 준 사건이다. 이 충격적인 경험을 통해 자신의 존재를 다시 들여다보고 새로운 자신과의 만남을 경험하게 해준다. 성찰의 불빛 앞에 드러난 본능적이고 습성에 따라 살아가는 이기적인 인간의 모습이 이 문맥 속에서 그대로 오버랩한다.

>달아난 줄무늬 원피스가 돌아왔다
>손짓하며 부르지 않아도
>제 발로 찾아온 그해 가을이 유리문에 붙어 있다
>반갑다고 이름 부르며 안겨들 뻔한 여자
>웃을 때 잇몸이 빤히 드러난다
>그녀와 나 사이에 우수수 갈잎 같은 시간이 흘렀어도
>여기 잘살아 있다고, 이마에 붙여 놓은 깻잎 머리가
>보란 듯이 증명하고 있다
>
>사람의 간지러운 구석 자리 먼저 알아주고
>시원하게 상처 긁어 주던 여자
>가려운 등 내밀어 주면서 노래하고 춤추던
>못난 나에게 그녀는 팅커벨이다

이름 부르지 않아도 어김없이 조연으로 나타나
내 속 깊은 곳까지 파고들었다
겨울밤 굶주린 쥐에게 뱃속 갉아 먹히는 줄도 모르고
그냥 좋아서, 어리석은 암탉처럼
너도나도 활짝 입을 열어 주었다

갈비뼈를 빼들고, 앞뒤 싹둑 자르고
세상에서 홀연히 사라진 춘자,
다 늦은 가을 저녁거리 전봇대에서
골목의 담벼락에서, 마른 담쟁이 잎사귀 줄기처럼
덕지덕지 붙어서 나풀거리는 그녀가
현상금을 달고 유리문에 반달로 떠 있다
　　　　　　　　　　　　　　　－〈춘자〉 전문

한때 시인에게 배신과 상처를 주고 '달아난 줄무늬 원피스'가 돌아왔다. '반갑다고 이름 부르며 안겨들 뻔한 여자'는, '간지러운 구석 자리 먼저 알아주고/ 시원하게 상처 긁어 주던 여자'였다. 그러니 '세상에서 홀연히 사라진 춘자'는 잊히고 지우고 싶은 배신과 상처의 주인공이다. 시인은 어느 날 '현상금을 달고 유리문에 반달로' 돌아온 충격적이고 돌발적인 사건과 만난다.

이 시는 시인의 체험이 독자의 체험 속으로 받아들

여지게 되고, 나아가 체험의 폭을 한층 극대화한다. 그리고 색다른 감각과 혼란을 겪어 냄으로써, 결국, '현상금을 달고 유리문에' 반달로 떠 있는 '춘자'로 정의된다. 그것은 배신과 상처를 안겨 준 존재와의 모순된 만남, 그리고 실상이 허상에 의해 압도되는 상태를 독자에게 권유한다. 특히 시를 이끌어 가는 상상력과 튼튼한 구성도 이 시의 큰 장점이다.

*

시는 논리를 담아내는 그릇이 아니다. 지식과 상식의 편에 서서 환호하고, 응원하며 위로하는 세계도 아니다. 어떤 논리의 함정을 선험적 감각으로 회복하는 그릇이며, 상식을 거부함으로써 새로운 의미를 창출해 가는 세계이다.

또한 수채화처럼 담담하게 그려 놓은 〈감나무〉는 군더더기 없이 단조롭고 담백하다.

노인정 앞에서
감꼭지를 물고 있는 할머니들이
올망졸망 졸고 있는 오후,
장독대 위 잎사귀
그늘 몇 점 깔고 앉는다
햇살이 어쩐지 떫은 얼굴이다
가을을 토닥이는 당신,

마구 뭉개고 부비며 붉은 알맹이 빚어

공중에 매달아 놓는다

우주가 말랑하다

— 〈감나무〉 전문

어디 한 소절 버릴 게 없는 함축성과 해석력도 시의 품격과 매력을 더해 준다. 그렇다고 난해하게 읽히거나 느껴지지도 않는다. 마치 어린 동자승의 장난스러운 선문답처럼 엉뚱한 결합 방식을 보여 주는 점이 오히려 흥미롭고 새롭다. 무엇을 말하고자 하는지, 도대체 이 행간에 어떤 삶의 태도와 비밀이 숨어 있는지도 선뜻 드러나지 않는다.

그러나 되풀이하여 읽어 보면 자꾸만 빠져들게 하고 궁금해진다. 그래서 오히려 난해하다. 이런 즐거운 난해함은 우리의 예측을 허물어 버리는 비논리적인 힘에 있다. 요컨대 '장독대 위 잎사귀', '그늘 몇 점 깔고 앉는다' 그리고 '떫은 얼굴' 하는 '햇살'과 '감나무' 사이에도 어떤 필연적 연관이 한눈에 보이지 않기 때문이다.

'감꼭지를 물고 있는 할머니들'과 '우주가 말랑' 하다 사이에서 느끼게 되는 엉뚱하고 낯선 단절감이 그것이다. 이것이 선문답이다. 고승들은 왜 이토록 엉뚱한 질문을 만들어 내는 것일까. 그 엉뚱함 속에는 아마도 깊은 연유가 있을 것이다. 그런 의미에서 〈감나무〉는 조현순의 시 세계의 전면을 보여 주는 소품이다.

*

  은유의 옷을 입은 〈둥근 저녁〉은 일정한 모양새를 갖추고 있다. 모양새를 이루고 있는 시의 그릇, 그것은 투사와 대치 그리고 은유이다. 심층적 투사와 정서적 대치, 그리고 방법적 은유, 결국 투사와 대치는 내면 풍경에 대한 해석의 줄기이며, 은유는 외면 해석의 가지인 셈이다.

    다 늦은 밥상에 별자리들이 둘러앉았다
    상처로 찌르고 박히는 말들
    모나고 삐져나온 밉상 얼굴도
    외롭지 말라고 둥글게 썰어 넣는다
    섞일 것들은 눈빛만 봐도 한통속이다
    그래, 혼자 남아서 따로 놀 이유 없다

    시퍼렇게 무른 맨살 내어 주는 시금치처럼
    눈 흘기며 시기하는 마음 한 접시
    몸 안 가득 밀어 넣으며
    사각사각 깨물어 준다

찬이 좀 섭섭하면 또 어떤가
허기로 둘러앉으면 체온이 올라가는 밥상
레시피는 따로 없다
숟가락 부딪히는 소리에
몸에서 둥근 달이 구르고
뒷동산 동백나무가 어둑어둑 꽃망울 터트리며
동그랗게 익어 가는 저녁

하나를 주고 하나를 받아 내는 덧셈, 뺄셈은
처음부터 몰라도 된다
인드라 구슬이 따로 없다

―〈둥근 저녁〉 전문

〈둥근 저녁〉은 밥상에 둘러앉은 가족의 사랑에 대한 해석이 새롭고 감각적이며 따뜻하다. 요컨대 밥상의 둘레는 가족을 구성하는 정서적 의미로서 정겨운 장소이고 사랑의 시간이다. 이처럼 한국의 밥상 문화는 단순히 허기를 해소하는 행위, 그 너머의 의미가 담겨 있다.

늦은 저녁 밥상에 둘러앉은 가족은 '별자리'들이다. 밥상에 앉으면 '상처로 찌르고 박히는 말들/ 모나고 삐져나온 밉상 얼굴도/ 외롭지 말라고 둥글게' 썰어 넣어 주면서 용서와 화해, 평화로운 사랑의 둘레가 된다.

 '허기로 둘러앉으면 체온이 올라가는 밥상/ 레시피는 따로 없다'라며 한국인의 전통 밥상 문화의 정서로서 가족의 사랑과 행복의 기원을 그려냈다. 이는 곧 시인이 동양적 세계를 추구하면서 그것을 구현하고자 하는 시적 열망에 있다. 그런 의미에서 조현순의 시 세계는 삶의 기억과 경험을 따뜻한 사유로 응시하고, 표현 기법으로서도 구체적이고 직감적이다. 요컨대 시적 인식과 태도가 바로 이러한 세계를 지향하고 꿈꾸는 정신세계를 반영한 것이라는 점에서 〈둥근 저녁〉은 소중한 의미를 담고 있는 수작이다.

*

 또한 시인은 〈매화꽃이 피어도 소용없습니다〉에서 '아버지를 부르며 산에 오르니/ 산꽃이 아버지 대신 안아' 주는 여름날, 잊고 살아온 아버지와의 추억과 사랑을 찾는다.

> 아버지를 부르며 산에 오르니
> 산꽃이 아버지 대신 안아 줍니다
> 무성하게 자란 여름풀들이 묘지를 덮었을 때도
> 모르는 체했습니다
> 땡볕이 두려워서 못 간다고 미루고
> 눈이 많이 와서 포기했습니다

돌덩이를 얹은 발걸음은
매화꽃이 피어도 소용없습니다
이제 와서 잘해 보겠다고 음식을 늘어놓습니다
아버님 한잔하세요
엎드려 절을 하면서 중얼거립니다
저도 한잔합니다
미안해서 술잔 가득 채워 봅니다
웃는 모습을 닮은 막내딸이 응석을 부립니다
슬그머니 눈물을 찍어 냅니다
몰래 내 손에 쥐어 주시던
막대 사탕을 찾아다녔습니다
세상을 돌아다녀도 그 맛을 찾을 수가 없었습니다
조화를 꽂아 놓고 다시 인사드립니다
꽃잎 다독이며 내가 가고
아무리 세월이 가도 절대 시들지 말라고
당부해 봅니다

멀리 산꽃이 가만히 나를 내려다봅니다
―〈매화꽃이 피어도 소용없습니다〉 전문

  시인의 '돌덩이를 얹은 발걸음'에는 '무성하게 자란 여름풀들이 묘지를 덮었을 때도', '땡볕이 두려워서', '눈이 많이 와서' 모르는 체하고, 미루고, 포기해 온 죄책감이 무게로 얹어 있다.

 '내 손에 쥐어 주시던 막대 사탕'은 아버지의 사랑에 대한 상징이며, 따뜻한 기억의 장소이다. 그러므로 아버지에 대한 사랑과 그리움이 부디 소멸하지 않기를, '아무리 세월이 가도 절대 시들지' 않기를 염원하는 시인의 심리가 애틋하고 따뜻하다. 또한, '산꽃'을 올려다보며 아버지에 대한 사랑과 화해, 그 무거운 마음을 고백하며 반성과 성찰에 이른다.

 매화는 봄을 알리는 전령이다. 특히 매화는 역경과 고난 속에서도 피어나는 생명력과 새로운 출발을 상징한다. 시인은 '산꽃'을 아버지로, 그리고 '매화꽃'과 '조화'의 이미지를 다면적인 내면을 통해 존재의 국면으로 투사했다. 매화꽃이 피는 봄의 약동은 이미 그 안에 죽음의 씨앗을 품고 있다는 진리를 성찰하게 한다.

 어쩌면 인간의 속성이 꽃의 본성을 본뜨고 있는지도 모른다. 하지만 세상의 모든 꽃은 아름답다. 그러나 자신의 아름다움을 모른다. 화려하게 피었다가 금방 시들어 잊히고 사라지는 무지한 존재이다. 꽃뿐이겠는가. 그렇다고 인간은 자신의 본질을 직시하지도 못한다. 왜 사는지, 반성하고 성찰하며 살아가는지, 뜻밖에도 그렇지 못한 우리는 이 문맥 속의 시적 장면이 오버랩한다. 생각해 보면 우리들의 사랑이 그러하다. 살아 있으므로 반성하고 성찰하면서 사무치게 그리워하고 눈물짓는 것이 인간이다.

*

〈세기 사진관〉은 카메라 렌즈를 통해 자기 성찰을 보게 된다. 사진사의 손끝에서 다듬어 나온 사진은 이미 '나'가 아니다. 시인에게 근원적 자아의 상징인 '이상한 얼굴'은 사뭇 낯설기만 하다. '하느님도 부처님도 어쩔 수 없는 세월의 흔적', '새치 머리칼 몇 줄'이 지워지고 나면 그야말로 생면부지의 얼굴이다. 마침내 허상과 실상이 하나로 교감하는 순간을 소망한 것이 그것이다.

    렌즈가 눈을 감았다가 뜨는 순간
    이상한 얼굴이 나왔다
    사진사에게
    하느님도 부처님도 어쩔 수 없는 세월의 흔적과
    새치 머리칼 몇 줄 지워 달라고 애교 떨었다
    사진사의 손끝에서
    순식간에 청춘을 거스르며 지우고 뭉개지더니
    주름살은 고급 인화지가 덤으로 뽑아 먹었다

    이력서 한쪽 모서리에 오려 붙여 놓고
    어색하기 짝이 없는 이름과 얼굴이

어둠 속에서 절망보다는 빛을 만나는 꿈을 꾼다
내 이름 불러 줄 일 없는 휴대 전화기를
몇 번이나 들었다 놓았다 한다

기다림은 어디 써먹을 데 없는
문자로 날아들고 휴지통 비우기에 바빴다
문자를 보내도 감감무소식인데
아무래도 내 얼굴 알아보지 못한 게 분명했다
증명사진 속 얼굴에 죄를 묻는다면
사진사의 손장난이고, 내 얼굴은 공범이다

―〈세기 사진관〉 전문

렌즈가 열리고 닫히는 짧은 순간에 마련된 자아 성찰의 계기는 '사진사의 손장난'에서 자아를 객관화하는 동기를 부여받는다. 실물로서의 '나'와 '사진사의 손장난'으로 빚어낸 '나'와의 거리는 가까우면서도 사뭇 멀다. 그러나 그 거리는 '나'와 '사진'이 하나로 합일되는 감수성의 통합을 체험함으로써 급격히 좁혀진다. 그것은 실상과 허상의 통합인 동시에, 인간과 과학 기술문명의 통합이기도 하다.

시인의 이러한 충격적인 체험은 자신의 존재를 다시 들여다보는 계기가 되었으며, 새로운 자신과의 만남을 경험하게 해준다. 그러므로 성찰의 불빛에 드러난 사진은 시인의 객관적 상관물인 동시에 모든 인간의 투사물이 된다. 본능적이고도 습성에 따라 살아가고 있는 인간의 모습, 삶의 본질적 의미를 망각한 채 살아가는 인간의 모습이 그 속에 겹친다.

그러므로 시인은 색다른 감각의 혼란을 겪어 냄으로써, '순식간에 청춘을 거스르며 지우고 뭉개지더니/ 주름살은 고급 인화지가 덤으로 뽑아 먹었다'로 정의된 모순적 존재의 한계, 실상이 허상에 의해 압도되는 상태를 우리에게 권유한다.

'증명사진 속 얼굴에 죄를 묻는다면/ 사진사의 손장난이고, 내 얼굴은 공범이다'라는 위트와 해학도 이 시의 멋스러움을 더한다.

*

좋은 시는 설명이나 그럴듯한 해설로 다가갈 수 없는 폭넓은 의미망을 내포한다. '돌배나무'와 '모퉁이'에 대한 인식의 지평을 불안한 심리의 영역으로 확대하여 세계와 대상을 새롭게 해석하고 있는 〈돌배나무와 모퉁이〉는 사뭇 신선하다.

저 구석은 불안하다 언제 떨어질지 모르고 모서리를 꼭 붙잡고 서 있다 바람에 떨어진 못난이 열매, 내 발밑에 떨어진 연서였다 돌배나무 그림자를 지나 뒤엉킨 내 서랍에서 쏟아져 나오는 이야기들이 열매처럼 떨어진다

고층 아파트 승강기 내려오는 속도가 재촉하듯 떨어져 어디든 가야 한다 그저 내가 가야 할 길을 찾아야 한다

 모퉁이를 지나는 길은 또 다른 방황의 출발점이다 하얀 햇살이 쏟아져 내리고 녹색 팔 뻗어 오르는 하늘은 멀고 아득하다 나무가 가지를 내고 잎사귀를 내는 속내를 나는 모른다 가을 그림자가 기울고 겨울이 찾아오기 전에 어디든 가야 한다고 돌배나무가 속살거린다

 길모퉁이를 돌면 담벼락 너머로 팔을 뻗어 놓은 돌배나무 자기 그늘로 영역을 넓힌다 나도 가만히 눈감고 팔을 펼쳐 본다 붕대 감은 다리로 뛰다가 굴러도 본다 돌배나무가 버린 욕심 덩어리, 발밑에 부서진 잎사귀들은 대꾸가 없다 내가 버려 놓은 불안이 모퉁이에서 살이 짓무르도록 부딪히기 때문이다

─〈돌배나무와 모퉁이〉 전문

 세상의 모든 모퉁이는 보이지 않는 비밀 하나씩 가지고 있다. 모퉁이를 만나는 일은 이쪽 세계와 저쪽 세계와의 경계선에 서 있는 자아의 발견이다. 마음의 눈을 통해 뜻밖의 모습으로 방황하는 자아의 발견이다. 그러므로 시인에게 '모퉁이를 지나는 길은 또 다른 방황의 출발점'이다.

서양 근대 철학을 종합한 독일의 철학자 칸트는 철학의 가치를 불확실성에서 찾았다. 과학으로 설명되는 결정론적 세계관이나 습관적 신념과 상식은 이른바 편견일 수도 있다. 명료한 사실의 세계는 단순한 결정론의 또 다른 얼굴이다. 그러므로 인간의 의식은 고정되어 있는 게 아니라, 매우 유동적이며 변화한다는 것이다. 길모퉁이에서 어떤 선택을 위해 망설이듯이, 모퉁이를 돌아서면서 희망이나 설렘이 무너졌을 때, 우리는 그 선택을 후회하기도 한다. 이때 인간의 뇌 모양새가 이리저리 휘어진 주름으로 이루어져 있다는 사실 또한 간과할 수 없다.

이처럼 조현순의 시는 싱그럽다.

*

사랑과 이별의 감정을 사유로 잇대어 놓은 실험적이고 빛나는 시편들이 군데군데 눈길을 끈다. 진솔하면서도 담담하게 자기 고백으로 인간적 숨결을 느끼게 해 주는 〈장미, 깨지다〉는 사랑과 이별의 감정을 실험적 구성으로 시의 전략을 세우고 있다.

> 이별이라고, 그런 줄 이해하라며
> 얼굴도 마음도 안 보여 주고
> 문자가 대신 날아들었다
> 들고 있던 접시가 내 몸의 중심을

깨뜨려 놓고 바닥에 나뒹굴었다
가슴에 안고 있던 꽃송이가 쨍그랑 울고
바짝 날 선 커피나무 가시는
손가락을 찌르며 붉은 눈물을 짰다
꽃송이가 바닥에 어지럽게 흩어지고
사금파리 내 사랑도 조각났다
당신과 접시를 빚을 때
차라리 꽃잎은 새기지 말았어야 했다
처음부터 장미 향기도 오려 넣는 것이 아니었다
깨진 조각들이 손가락에서 꽃망울로 피었다
퉁퉁 부어오른 손 온몸으로 앓았다
당신과 나 사이에 안개꽃이 창백하게 흐르고
밤마다 주고받던 하트 그림이
그대로 선명하게 반품되어 돌아오는 시간
이젠 휴지통에 버려야 한다
내가 당신에게 해줄 수 있는 선물이 있다면
당장 전화번호를 지우는 일 서로 낯선 얼굴이어야 한다
당신이 찔러 놓은 가시를 뽑고
몇 번이고 붕대를 감았다 풀었다
그 속에서 깨진 꽃잎이 풀려나왔다

―〈장미, 깨지다〉 전문

유행가처럼 익숙하게 읽히지 않는 〈장미, 깨지다〉

는 시인이 지녀야 할 품격을 온전히 갖추었다. '들고 있던 접시가 내 몸의 중심을/ 깨뜨려 놓고 바닥에' 나뒹굴어 버린 이별 통보, 이는 접시의 장미 그림이 장미꽃과 동일시되는 순간, 더 이상 그림 접시가 아니다. 곧 사금파리 꽃 그림 접시로부터의 해방을 갈망한다. 그것은 곧 외면적 현실인 접시 그림으로부터 내면적 소망인 장미꽃, 이를테면 사랑을 회복하려는 의지이다.

이러한 전향적 자각은 본질적 자아의 객관적 상관물인 장미꽃, 곧 접시를 인식함으로써 촉발된다. 그리고 그 접시를 끄집어 내려는 몸짓으로부터 가열된다. 그리고 시인은 이러한 몸짓은 사물의 몸짓으로 오버랩한다.

장미꽃 그림 접시를 떨어트릴 때 장미꽃이 깨진다는 원리는 과학으로 설명할 수 없다. 그러므로 이 시는 어렵고 낯설다. 한 번에 읽혀지지 않는 이 문맥은 상상력이 동원되어야 한다. 하지만 현대 시가 왜 이토록 어려운가라는 질문에는 명확한 답이 없다. 이 질문에는 인생이 왜 이토록 복잡하고 알 수 없는가를 생각해 보면 된다. 자기 생각과 느낌은 물론 자기 내면까지도 알지 못하는 것이 인간이다. 시가 쉬워지길 기다리는 것이야말로 분에 겨운 억지가 아닐까.

쉽게 읽히고 알기 쉬운 시만을 옹호하는 시인의 태

도야말로 어리석은 자기기만이 아닐까. 먼저 예술 작품을 이해하려면 그 작품 속에 숨어 있는 내적 운동에 참여함으로써 이루어지는 것이다.

한때 조로현상이나 지나친 서정 지향화 현상을 우리 시의 취약점으로 진단하던 때도 있었다. 그러나 조현순은 중견 시인답게 감각이 청순하고 형식과 언어가 신선하다. 무엇보다도 시선과 사유의 날이 나름 첨예하다. 그런 의미에서 조현순의 시 작품이 우리 시의 개성이라는 점을 의심하지 않는다. 또한 조현순의 리얼리즘 이면에는 우수에 잠겨 있는 편린들이 우리의 마음을 사로잡는다.

시의 행간에 일렁이는 따뜻한 기억과 경험, 인간의 내면과 새로운 언어에 대한 열망, 그리고 지고지순한 가족애와 사랑의 풍경이 독자에게 전달되기를 희망한다. 더불어 묵묵히 시의 길을 걸어가고 있는 조현순의 시가 우리 시의 미래가 되었으면 하는 바람이다.

두 번째 시집 『우주가 말랑하다』 발간을 축하한다.*

우주가 말랑하다

발행 | 2025년 10월 20일
지은이 | 조현순
펴낸이 | 김명덕
펴낸곳 | 한강출판사
홈페이지 | www.mhspace.co.kr
등록 | 1988년 1월 15일(제8-39호)
주소 | 서울특별시 종로구 삼일대로 457, 501호(경운동)
전화 02-735-4257 팩스 02-739-4285

값 13,000원

ISBN 978-89-5794-596-4 04810
　　　978-89-88440-00-1 (세트)

※잘못된 책은 바꾸어 드립니다.
※저자와의 협약에 의해 인지는 생략합니다.